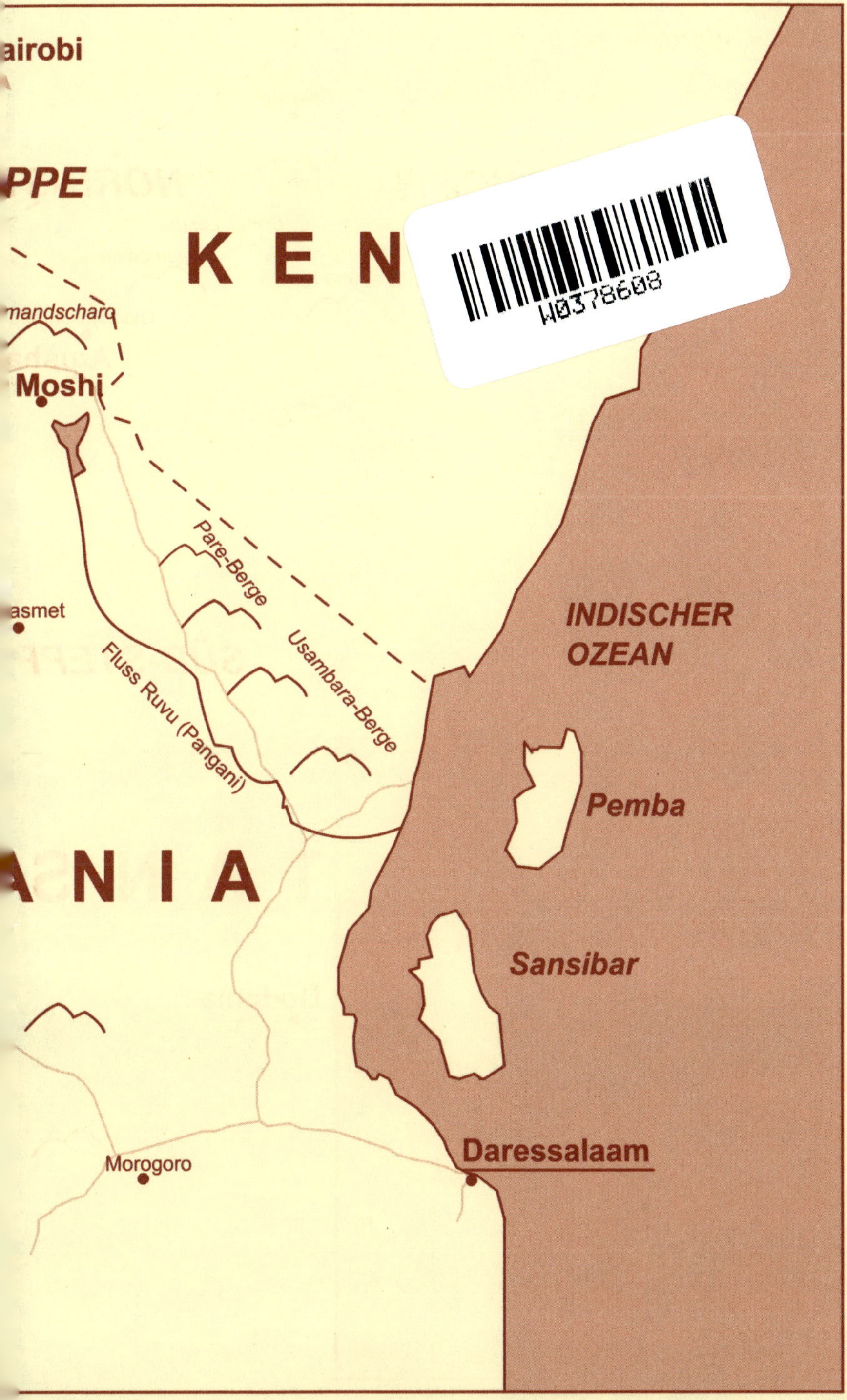
airobi
PPE
K E N
mandscharo
Moshi
Pare-Berge
asmet
Usambara-Berge
Fluss Ruvu (Pangani)
INDISCHER
OZEAN
Pemba
A N I A
Sansibar
Morogoro
Daressalaam

Hanna Schott

Mama Massai

Angelika Wohlenberg –
die wilde Heilige der Steppe

BRUNNEN
VERLAG GIESSEN · BASEL

4. Auflage 2008

www.brunnen-verlag.de
Umschlagfotos:
Vorderseite oben: Loserian Ngoyaya; unten: Veit Koch
Rückseite links: Theo Wohlenberg; rechts: Tobias Schmid
Landkarte: Sebastian Gorenflo
Umschlaggestaltung: Ralf Simon
Satz: DTP Brunnen
Druck: GGP Media GmbH, Pößneck
ISBN 978-3-7655-1938-3

Inhalt

Lieber Tetsche,

danke für deinen Brief! Findest du wirklich, ich erzähle zu wenig von meinen Schwierigkeiten und Sorgen? Vielleicht hast du ja Recht. Aber auch wenn ich es täte: Bis die Briefe bei euch ankommen, wären die Schwierigkeiten bestimmt schon beseitigt. Und die Sorgen lade ich doch jeden Abend bei Gott ab. Es stimmt, ich bin oft krank (Malaria, Durchfälle, Kopfweh), aber das bisschen Kranksein ist für mich nebensächlich und geht ja auch immer schnell vorbei. Und dann schreibe ich eben wieder: „Mir geht es blendend!"

Ganz im Ernst: Ich bin bestimmt einer der glücklichsten Menschen auf der Erde. Und oft weiß ich gar nicht, wohin mit meiner Energie. Manche Leute glauben ja, ich würde mich in Afrika aufopfern. Dabei fühle ich mich hier viel glücklicher und freier als in Deutschland. Als Hausfrau am Herd stehen – das wäre für mich ein Martyrium! Gott weiß schon, wo er mich hinstellt.

Alles Liebe von deiner Schwester
Angelika

1

Gott schenkt Kühe

„Wie geht es deinen Kühen?“

„Danke. Es geht ihnen sehr gut. Wir hoffen auf Regen. Und wie geht es deinen?“

„Auch sehr gut. Wir ziehen ein Stückchen weiter. Irgendwo wird es wohl noch ein bisschen Grün geben.“

„Mögest du uralt werden!“

„Mögest auch du uralt werden!“

Am Anfang schuf Gott drei Gruppen von Menschen: Die erste Gruppe sind die Torrobo, die Jäger und Sammler. Ihnen schenkte er den Honig und die wilden Tiere. Die zweite Gruppe sind die Kikuyu, die Ackerbauern. Engai – so heißt Gott – segnete sie mit den Samen aller Pflanzen. Die letzte Gruppe sind die Massai, Gottes erwähltes Volk. Ihnen schenkte er alle Kühe der Welt. Von einem Vulkan ließ er die Tiere an den Wurzeln eines wilden Feigenbaumes auf die Erde herab. Den Massai gehören deshalb alle Kühe, die in der Savanne leben. Wenn sich zwei Massaimänner begegnen, fragen sie einander als Erstes, wie es den Kühen geht.

Alles in ihrem Leben dreht sich um die Tiere. Das hat sich seit den ersten Tagen der Welt nicht geändert. Wenn ein Fest gefeiert wird, besingen Krieger ihren Lieblingsbullen. Der Wert einer Frau wird natürlich in Kühen bemessen. Im Grunde sind die Kühe der Massai keine Nutztiere, sondern eine Währung.

Etwa zwanzig Rinder muss ein Krieger dem Vater eines Mädchens zahlen, bis die Tochter ihm gehört. Wenn er sie liebt, kommt sie in seiner Wertschätzung dann gleich nach den Kühen. Wie jede Währung unterliegt jedoch auch der „Kuhkurs" Schwankungen. Vielleicht wird der Krieger für seine nächste Frau schon zehn Kühe mehr zahlen müssen.

Die Kühe, dieses Gottesgeschenk – sie sind das, was einen Massai zum Massai macht, der Grund seines Nomadenlebens, seine wichtigste tägliche Aufgabe, sein ganzer Stolz, sein Lebensinhalt. Wer die Milch der Kuh trinkt und ihr Fleisch isst, der ernährt sich nicht nur, er hat dadurch auch Kontakt zu Engai. Aber wann isst man schon Rindfleisch? Nur bei ganz hohen Festen und nachdem ein Ältester das Fleisch gesegnet hat. Denn die Kühe dienen nur ganz selten der Ernährung. In einem Volk ohne Bankkonten und Autos sind sie neben dem Tauschgut vor allem ein Statussymbol. Eine arme Familie besitzt etwa 70 Kühe, jemand aus der „Mittelschicht" 200, und ein besonders reicher Klanführer kann durchaus Herr über 500 oder 1000 Kühe sein.

Aber natürlich dienen die Kühe *auch* der Ernährung. Dazu muss man sie jedoch nicht schlachten. Wenn die Trockenheit nicht zu groß ist, geben sie Milch. Und dann pflegen die Massai diesen außergewöhnlichen Brauch, der sie berühmt gemacht hat: Sie trinken Rinderblut. Dazu wird der Hals der Kuh so abgebunden, dass die Halsschlagader hervortritt. Ein Stoß mit der Speerspitze genügt, um das Blut hervorschießen zu lassen. Wenn ein bis zwei Liter in eine Kalebasse gelaufen sind, wird die Wunde verbunden. „Pur" oder mit Milch gemischt gilt dieses Getränk als der Krafttrunk schlechthin. Und Kraft können die Krieger gebrauchen. Dass Gott ihnen alle Kühe der Welt geschenkt hat, gibt ihnen nämlich auch das Recht, allen Hirten, die keine Massai sind, ihre Kühe abzujagen.

„Pagishu“ ist einer von Angelikas Namen. Auf Kimassai, der Sprache der Massai, bedeutet das: „Die mir Kühe schenkte.“ Es ist das höchste Lob, das ein Massai zu vergeben hat. Kann man jemandem etwas Besseres tun, als ihm eine Kuh zu schenken? Oder sogar mehrere?

„Pagishu“ – natürlich lächeln die Massai, wenn sie Angelika so nennen. Nein, sie grinsen ganz breit, denn sie verstecken nie, was sie denken und fühlen. Wenn etwas lustig ist, lachen sie laut, ohne zu überlegen, ob der andere gekränkt oder beleidigt sein könnte. Empfindlichkeiten kann sich hier im harten Steppenleben sowieso keiner leisten. Und Angelika ist alles andere als ein Sensibelchen. Das wissen sie, schließlich lebt sie seit 23 Jahren bei ihnen, isst in ihren Hütten, schläft, wenn es sein muss, auf derselben Kuhhaut – und stimmt lauthals auch dann in ihr Lachen ein, wenn gerade mal wieder über sie selbst, die Pagishu, gelacht wird. Natürlich hat sie nie jemandem eine Kuh geschenkt. Die Arme besitzt ja gerade mal fünfzehn Ziegen! Und die stammen alle von den zweien ab, die Angelika vor Jahren geschenkt bekommen hat. Die Massai versorgen die Ziegen für sie – damit sie sie nicht aufisst, bevor sie wenigstens eine kleine Herde geworden sind.

Und doch hat Angelika – wie Engai – den Massai Gutes gebracht. Sie wohnt nicht wie er auf einem Vulkan, aber sie kommt ebenfalls von einem Ort, den kein Massai zuvor gesehen hatte. Wenn ihr Geländewagen sich nähert, erkennt man das schon von ferne an einer riesigen Staubwolke. Bald darauf kurbelt Angelika das Fenster herunter und stößt den Schrei der Massaikrieger aus – ein Signal, das das ganze Dorf zusammenlaufen lässt. „Sister! Sister!“, rufen die Kinder, und die Jugendlichen und Erwachsenen lachen sich über die verrückte Weiße kaputt. Ihre Haare sind mal wieder staubrot wie das Fell junger Zebras, die sich im Sand gewälzt haben. Ihre Arme und Hände sind ölverschmiert, der Wagen hatte unterwegs eins seiner

„kleinen Probleme". Kein Grund, nicht die Autotür aufzureißen und einander sofort in die Arme zu fallen! Wasser ist doch sowieso zu kostbar, um es zum Waschen zu benutzen!

Wenn Angelika in einem Dorf ankommt, herrscht eine Stimmung wie früher in Europa, wenn die ersten Zirkuswagen einen kleinen Ort auf dem Land erreichten. Alle lassen stehen und liegen, was sie gerade tun, rufen sich zu: „Die Sister kommt!", und laufen zusammen. Was gibt es für Neuigkeiten? Mit welchen Leuten ist sie diesmal unterwegs? Was hat sie mitgebracht? Wird sie bleiben und eine Nacht im Dorf verbringen?

Auch diesmal, in einem Dorf nicht weit vom heiligen Berg entfernt, ist es so.

„Sister Angelika! Was bist du alt und fett geworden!", ruft eine Frau lachend und umarmt sie. Alt und fett – was für ein Kompliment! Alle möchten gerne alt werden, aber wer wird das in Tansania schon? Die durchschnittliche Lebenserwartung liegt bei vierundvierzig Jahren. Aber die Sister ist schon viel älter – die Glückliche! Und wer hat schon so viel zu essen, dass sich an manchen Stellen ein paar gemütliche Rundungen bilden konnten? Die Sister ist bekannt für ihren gesegneten Appetit, und sie sieht auch nicht aus wie eine Ziege in der Trockenzeit.

Während die Frauen und Kinder noch am Auto stehen und die Gäste begutachten, die jetzt von den hohen Trittbrettern des Wagens springen, wissen zwei Männer schon, was sie als Erstes tun müssen: Wenn Angelika kommt, ist das ein Fest für das Dorf. Also muss eine Ziege ausgesucht und erstickt werden. Nichts darf verloren gehen, wenn ein Tier zur Mahlzeit wird – nicht der Kopf, nicht die Beine, nicht die Innereien und natürlich auch kein Blut. Schließlich ist das Blut der Sitz des Lebens. Das, was Kraft gibt. Die beiden Männer fangen eine Ziege ein, halten ihr Nase und Mund zu, bis sie nicht mehr strampelt, und nehmen dann gleich die Buschmesser von ihren Gürteln, um das Tier zu häuten. Die großen Fleischteile werden in einen

Baum gehängt, die kleinen Teile und die Eingeweide kommen direkt in den Topf. Frisch und rot leuchtet das Fleisch in der Sonne. Ehe die Fliegen kommen, wird es schon über dem Feuer sein.

Angelika und ihre mitreisenden Gäste sind inzwischen von einer Menschentraube unter eine Schirmakazie eskortiert worden. Im Schatten des großen Baumes hält man es auch mittags gut aus. Obwohl die Massai keine Stühle kennen, werden für den hohen Besuch doch einige dreibeinige Hocker herbeigeschafft. Man weiß ja, dass die Wazungu nicht so gern auf der Erde sitzen. Wazungu – dieses Wort hören Weiße, die durch Ostafrika reisen, überall, und auch die Massai benutzen es, obwohl es ein Kisuaheli-Wort ist.

Eigentlich heißt Mzungu, in der Mehrzahl Wazungu, einfach „der oder die Weiße", aber es klingt auch etwas spöttisch. Denn die Eigenschaftswörter, die dazugehören, bezeichnen jemanden, der immer auf Achse ist – und etwas seltsam. Ein bisschen lustig machen sie sich dabei. Denn seltsam sind sie ja wirklich, diese farblosen Gestalten, die so schreckliche Angst vor der Sonne haben, dass sie ihre weiße Haut unter weiten Hemden und langen Hosen mit unzähligen Taschen verstecken – Männer wie Frauen! Da kann man noch nicht mal erkennen, ob sie das eine oder das andere sind. Und tatsächlich rätseln einige Frauen laut, ob die zwei Wazungu, die Angelika mitgebracht hat, männlich oder weiblich sind. Angelika übersetzt es den beiden, und die sind nicht wenig verblüfft. Wie kann man nur meinen, Kristin könnte genauso gut ein Mann sein und Bastian eine Frau?

„Und das bei meinen langen Haaren", wundert sich Kristin.

„An den Haaren erkennen die Massai gar nichts", erklärt Angelika. „Guckt doch mal: Die meisten sind kahlgeschoren, egal ob Männer oder Frauen. Und wenn hier jemand lange Haare hat, dann ist es ein traditionsbewusster Krieger, der sie für ein Fest hat wachsen lassen."

Angelika und die zwei Wazungu haben nicht etwa nur zu dritt in dem großen Auto gesessen. Nein, das war maximal ausgelastet, so wie immer. Eine Frau mit ihrem Baby brauchte nach einem Verwandtenbesuch einen „Lift“ durch die Steppe und nahm gleich ihre Schwiegermutter und eine Nichte mit. Ein alter Mann ließ sich bei dieser Gelegenheit mit seiner Ziege transportieren, und zwei junge Krieger wollten einfach mal wieder Auto fahren. Sie durften sich hinten zwischen Kanistern, einer Zeltausrüstung, Schaumstoffmatratzen und einem Sack Zucker Platz schaffen. Einige von ihnen gehen gleich weiter, andere setzen sich zu Angelika und ihren Gästen in den Schatten.

„Der junge Wazungu-Mann ist für ein Jahr mein Helfer“, erklärt die Sister. „Er wird in Malambo eine Zisterne bauen und vielleicht sogar einen freistehenden Backofen neben meinem Haus. Und die junge Frau wird im Internat arbeiten.“ Das Internat ist in der Stadt, manche der Umstehenden haben schon davon gehört. Unter „Schlafsaal“, „Hausaufgabenbetreuung“ und „Abendandacht“ können sie sich nicht unbedingt etwas vorstellen, aber sie hören interessiert zu, als Angelika Kristins Arbeit beschreibt.

Bastian ist Zivildienstleistender und Kristin macht ein Freiwilliges soziales Jahr. Beide kommen aus Deutschland und sind noch nicht lange in Tansania. Das merken die Dorfbewohner gleich und amüsieren sich darüber. Wie vorsichtig sie an ihrem Tee nippen! Wie sie mit fragenden Blicken von Angelika wissen wollen, ob man den wirklich trinken kann und ob sie die große Tasse etwa ganz austrinken müssen … Dabei schmeckt der Tee doch so wunderbar würzig und süß zugleich. Ein paar Teeblätter, Ziegenmilch und eine halbe Hand voll Zucker braucht man für eine gute Tasse Tee. Die Milch kommt aus einer Kalebasse, die zuerst mit einem glühenden Stück Holz und mit etwas Rinderurin gereinigt wurde. Dafür stellt sich ein Mädchen mit der Kalebasse hinter die Kuh und wartet, bis die den Schwanz hebt – einmal kurz darunter halten, ausschwenken und fertig! Das alles ergibt doch erst das besondere Aroma. Kristin tut so, als würde sie trinken, und tauscht dann ihren noch fast vollen Becher mit Angelikas leerem. Bei dem Tempo, mit dem die Sister den heißen Tee hinunterstürzt, wird auch Bastian seine Portion schnell und unauffällig los.

Während ein paar hundert Meter entfernt bereits die größeren Fleischstücke auf eine Art Holzgitter gespannt und zum Feuer gebracht worden sind, ist man im Schatten der Akazie immer noch bei der Begrüßung. Nirgends in Afrika genügt ein knappes europäisches „Wie geht's? – Danke, gut." Hier fragt man mit System alle Lebensbereiche ab: Was machen die Kühe? Gibt es Neues? Wie geht es den Eltern? Den Kindern? Ein festes Frage- und Antwortspiel nimmt seinen Lauf. Wer hier aber anfängt, ausführlich von sich und seiner Befindlichkeit zu erzählen, verstößt gegen die Regeln. Das muss warten. Und noch etwas ist selbstverständlich: Nur wer sterbenskrank ist, kann sich das Recht herausnehmen, auf die Frage: „Wie geht's?" nicht umgehend mit „sehr gut" zu antworten.

Die Stimmung ist gut, es wird viel gelacht, und die Hände werden wieder und wieder geschüttelt. Auf Kimassai gibt es für Frauen und Männer unterschiedliche Begrüßungsformeln. Männer werden mit „sopai" begrüßt (Kristin und Bastian verstehen immer „super") und antworten: „Epa". Frauen ruft man „takwenya" zu, und sie antworten: „Iko." Nur die Begrüßung der Kinder, die kommen und gehen, erfolgt ohne ausführliche Befragung. Das Kind neigt seinen Kopf dem Besucher zu und sagt: „Shikamoo", was wörtlich bedeutet: „Ich umfasse deine Füße." Der Erwachsene legt seine Hand kurz, kaum spürbar und wie zum Segen auf den Kopf des Kindes und antwortet: „Marahaba – willkommen!" Das klingt nicht nur arabisch, es ist Arabisch. Die Kinder lernen diesen Gruß in der Schule. Über islamische Händler, die schon vor Jahrhunderten am Indischen

Ozean siedelten, verbreitete sich diese ehrfurchtsvolle Begrüßungsformel bis ins Landesinnere.

Nachdem das „Begrüßungsspiel“ vorbei ist, werden weitere Fragen gestellt. Am meisten interessiert natürlich: Hat es bei euch in der Stadt schon geregnet? Hier in der Steppe ist der Beginn der Regenzeit längst überfällig. Die ohnehin schon mageren Rinder finden kaum noch einen Halm. Und dennoch antwortet man selbstverständlich auf alle Fragen: „Es geht sehr gut!“

Der Duft von gebratenem Ziegenfleisch zieht an der plaudernden Gruppe vorbei. Aber da hier nur Frauen, Kinder und ein paar Alte stehen, werden sie sich noch eine Weile gedulden müssen. Denn die Männer essen zuerst. Außerhalb des Blickfelds der Frauen nehmen sie sich … nun ja, nicht gerade die kleinsten und schlechtesten Stücke. Erst dann bekommen alle anderen etwas. Nur eine Ausnahme wird gemacht: Ein Krieger bringt Angelika ein Stück Rippe auf einem Spieß und reicht ihr sein Buschmesser, damit sie sich etwas abschneiden kann. Das findet niemand seltsam, und es ärgert auch keinen. Schließlich ist Angelika ein Wesen zwischen Mann und Frau, dem ein Krieger ruhig sein Buschmesser reichen kann. Jemand, der zwar nicht bei den Männern, aber doch gleichzeitig mit ihnen etwas vom besten Fleisch zu essen bekommt.

Eine Frau lässt etwas Wasser über Angelikas Hände rinnen. Wie begeistert schmatzend die Sister dann das Stück Rippe genießt, ist ein neuer Grund zur Heiterkeit für alle, die um sie herumstehen. Dabei hatte diese Ziege ein hartes Leben. Ein kräftiges Gebiss und einige Ausdauer beim Kauen sind unbedingt nötig, aber Angelika ist ja zum Glück mit beidem gesegnet. Wo es keine Tische gibt, erübrigen sich auch die Tischsitten. Trotzdem weiß man, was sich gehört, und Schmatzen zählt dazu. Es zeigt dem Gastgeber, dass man die Mahlzeit zu schätzen weiß.

Die jungen Wazungu sollen auch etwas essen!, wird ihnen aufmunternd bedeutet. Sie tun ihr Bestes, und die Ziege schmeckt ihnen auch gar nicht schlecht. Sie ist zwar ungewürzt, aber dafür hat sie durch den Rauch einen kräftigen Geschmack bekommen. Dennoch geben Kristin und Bastian bald auf. Nur zwei kleine Happen haben sie geschafft. Sie wollen ja nicht unhöflich wirken, aber wie soll man dieses Leder herunterkriegen? Angelika erklärt dem versammelten Publikum, was sie schon so oft zur Entschuldigung von Weißen sagen musste: „Die Wazungu haben einen Magen wie ein kleiner Vogel. Sie können nur ganz wenig essen." Ob die Umstehenden es glauben? Die Sister scheint jedenfalls der Gegenbeweis zu sein. Wie ein Massai zeigt sie nun, dass es ihr wunderbar geschmeckt hat – ein kräftiger Rülpser beschließt das kurze, festliche Mahl.

Angelika übersetzt für die beiden Deutschen, was die Umstehenden über sie gesagt haben, während sie aß. (Die Massai sprechen ihren Namen übrigens mehr oder weniger englisch aus: *Andschellika)*:

„Du hast Haare wie ein Löwe!"

„Zum Glück bist du groß und nicht so mickrig wie die Pare" – ein Nachbarstamm –, „sonst hätten wir niemals auf dich gehört!"

Gott ist groß – sollte er einen Mickerling zu ihnen, den stolzen Massai, schicken? Nein, das hat er zum Glück gar nicht erst versucht. Gott ist weder männlich noch weiblich, und auch Angelika ist weder ein Mann noch eine Frau. Gut, eher eine Frau als ein Mann, aber doch keine richtige Frau. Richtige Frauen sind beschnitten, haben einen Mann und einige Kinder. Angelika fehlt das alles. Das ist sehr seltsam. Aber es passt doch dazu, dass Gott sie geschickt hat. Und das sagt sie ja selbst.

Immer mal wieder, wenn Angelika unterwegs ist, kommt es vor, dass eine Gruppe von Frauen zusammensteht, tuschelt, lacht, bis sich eine hervorwagt und zu Angelika sagt: „Dass du keinen Ehemann möchtest, können wir ja verstehen“ (alle kichern), „aber ein Kind möchtest du doch bestimmt! – Wir schenken dir eins von unseren!“ Oder ein Mann bietet klipp und klar an: „Ich mach dir eins!“

Angelika hat solche Geschenke immer dankend abgelehnt, und jetzt ist sie eher schon eine Bibi – eine Oma – als eine Mama. Obwohl sie doch nach wie vor „Mama Angelika“ genannt wird. Zum einen ist „Mama“ in Schwarzafrika die Anrede für so ziemlich jede Frau über zwanzig (undenkbar, dass sie keine Kinder hat!), zum anderen ist Angelika ja tatsächlich so etwas wie die Mama unzähliger Kinder in der riesigen Massaisteppe. Viele hat sie als Hebamme mit auf die Welt gebracht. Andere hat sie wochenlang mit der Flasche ernährt, nachdem ihre Mütter bei der Geburt gestorben waren. Noch andere verdanken ihr das Leben, weil sie als Kleinkind ohne Angelikas Spritzen, Säfte und Tabletten niemals eine hartnäckige Infektion oder Malaria überstanden hätten. Deshalb heißen auch viele Mädchen Angelika. (Wie schreibt man das auf Kimassai? – Egal! Welche Eltern, die weder lesen noch schreiben können, schert das schon? Wenn das Kind wirklich einmal zur Schule gehen sollte, wird man es ihm schon sagen. Und einen Standesbeamten, der sich über unmögliche Namen oder seltsame Schreibweisen aufregt, kennt hier niemand.) Manche heißen sogar Angelika, obwohl ihre Eltern Angelika Wohlenberg nie selbst gesehen haben. Es genügt, dass man sich überall in der Steppe Geschichten von ihr erzählt.

Kleine Jungen kann man schlecht Angelika nennen, aber sehr wohl „Sohn der Angelika“, wenn sie es war, die ihm das Leben gerettet hat. Dann ist so ein kleiner Knirps stolzer Träger von drei Namen: „Loserian Christopher, ole Angelika (Sohn der Angelika)“ zum Beispiel. Der erste Name ist der Massai-Name, er erinnert an die besonderen Umstände der Geburt, an den Tag, das Wetter oder irgendetwas anderes, das gerade bedeutsam war. Christopher ist sein christlicher Name, den er bei der Taufe bekommen hat. (Weil Angelika einen Bruder mit diesem Namen hatte, ist er einer der beliebtesten Taufnamen in der Steppe.) Und „Sohn der Angelika“ wurde er genannt, nachdem Angelika ihn von einem schweren Fieber befreit hatte.

Auch wenn Angelikas Hände nach dem Essen ziemlich fettig sind – eine junge Mama streckt ihr ein Baby entgegen. Die Kleine weint und hat vermutlich Fieber. Die Sister untersucht das Kind von Kopf bis Fuß und entdeckt einen Abszess unter dem linken Arm. Er sieht wirklich übel aus, dick und zum Platzen „reif“. Kein Wunder, dass das Baby unruhig ist und häufig weint. Es ist eher ein Wunder, dass es nicht schon die ganze Zeit wie am Spieß schreit, erst recht während der Untersuchung. Afrikaner besitzen eine beeindruckende Fähigkeit zum geduldigen Ertragen von Widrigkeiten – von diesem Phänomen haben Bastian und Kristin schon gehört. Aber dass selbst ein Kind, das nicht einmal ein Jahr alt sein dürfte, sie auch schon hat!? Die beiden können nur staunen.

Angelika überlegt. Der Abszess müsste unter sterilen Bedingungen aufgeschnitten werden, damit der Eiter austreten kann. Danach sollte die Wunde möglichst täglich angeschaut und frisch verbunden werden. Das Fieber kann eine Begleiterscheinung der Infektion sein und mit der Wundversorgung verschwinden. Vielleicht hat das Kind aber auch Malaria *und* diesen Abszess. So etwas kommt häufig vor. Dann stünden seine Chancen schlecht. Ohne medizinische Unterstützung kann der kleine Körper beides zugleich höchstwahrscheinlich nicht bewältigen.

Die Sister ist heute nur auf der Durchreise nach Malambo und für einen solchen Fall nicht ausgestattet. Außerdem kann man in diesem Dorf von sterilen Bedingungen nur träumen. Es wäre schon viel, wenn man die Fliegen aus dem Gesicht des

Babys vertreiben könnte! Was soll sie tun? Darauf vertrauen, dass die Dorfgemeinschaft mit ihren traditionellen Heilmethoden die Sache schon in den Griff bekommt?

Tatsächlich gibt es gute und durch Jahrhunderte bewährte Rezepte. Für dieses Kind könnte allerdings jede Kräuterpackung und jeder Heiltrank zu spät kommen. Und selbst die müssten erst einmal herbeigeschafft werden. Es hängt ja nicht etwa in jeder Hütte ein Hausapotheken-Schränkchen, aus dem man nur die traditionelle afrikanische Medizin herausnehmen müsste. In Digodigo gibt es eine Dispensary, eine Art Busch-Krankenhaus zur Notfall-Versorgung. Bis dorthin sind es allerdings knapp dreißig Kilometer, und außerdem liegt sie in entgegengesetzter Richtung zu dem Ziel, das die drei heute Abend erreichen wollen. Dreißig Kilometer, das bedeutet bei den Pisten hier: eine Stunde Fahrt hin, eine Stunde Fahrt zurück, dazu der Aufenthalt dort, die tägliche Reifenpanne (die für heute noch aussteht), dazu noch irgendeine unvorhersehbare Kleinigkeit, die einfach zu einer „Safari" dazugehört. Das Kisuaheli-Wort Safari heißt nämlich nicht etwa Großwildjagd, sondern ganz einfach Reise. Aber hier in der Steppe kann auch eine Safari von dreißig Kilometern so spannend werden wie ein in Deutschland gebuchter Wildlife-Trip. Vermutlich wird es schwierig werden, Malambo heute noch zu erreichen.

Egal! Angelika steht auf und gibt der Mutter ihr Kind zurück. „Wir müssen nach Digodigo. Wenn es nicht operiert wird und keine Medizin bekommt, stirbt es wahrscheinlich. Ich fahre euch hin. Heute Abend sind wir wieder zurück."

Aber statt dass jetzt Freude oder Erleichterung aufkommen, herrscht erst einmal Stille. Bis eine ältere Frau sagt: „Nein. Das geht nicht. Eine Frau kann doch nicht auf Safari gehen, ohne ihren Mann zu fragen!"

„Ja, genau!", stimmen ihr mehrere zu. „Und Loi ist nicht da. Er ist mit der Herde unterwegs. Vielleicht kommt er heute gar nicht mehr nach Hause. Jedenfalls bestimmt nicht, bevor die Sonne untergeht!"

„Auch das Kind darf nicht auf Safari, wenn der Vater es nicht erlaubt hat", ergänzt die alte Frau noch.

Angelika nickt und setzt sich erst einmal wieder. Jetzt wütend zu werden oder gar zu rufen: „Seid doch froh, dass ich ausgerechnet heute da bin und außerdem bereit, meinen Plan umzuwerfen und euch zu fahren!", bringt überhaupt nichts. Hier steht eine moderne Idee („Ein krankes Kind muss medizinisch versorgt werden") gegen eine jahrhundertealte Tradition („Frau und Kind gehören dem Mann, der alle Dinge ihres Lebens entscheidet").

„Ihr habt Recht", sagt die Sister, „wir können nicht einfach losfahren. Aber diesem Baby muss so schnell wie möglich geholfen werden. Was können wir tun? Habt ihr eine Idee?"

Was jetzt beginnt, hört sich wie ein großes Palaver an, aber es ist ein bewährtes Mittel der gemeinsamen Entscheidungsfindung. In der nächsten halben Stunde werden Überlegungen angestellt, Pläne gemacht und wieder verworfen, die alten Regeln immer wieder ins Gedächtnis gerufen – für Kristin und Bastian hört es sich meistenteils wie ein munteres Geplauder an. Jedenfalls hat es nichts von hektischem Beratschlagen angesichts einer dramatischen Situation.

Angelika hört ruhig zu und untersucht nebenbei ein anderes Kind. Der Junge hat einen extrem dicken Bauch, scheint aber ansonsten gesund zu sein. Vermutlich hat er ganz einfach Würmer, die mit ein paar Tabletten gut zu bekämpfen wären. Vielleicht bekommt er ja bald einen Schulplatz. Dann wird man ihm auch ein Wurmmittel geben.

„Wir haben eine Lösung!", ruft schließlich eine Frau. „Nemburis ist die Oma des Babys, die Mutter seines Vaters. Sie ist dafür, dass ihr fahrt. Sie übernimmt die Verantwortung für die Safari und wird ihrem Sohn alles erklären, wenn er nach Hause kommt."

Alle sind erleichtert. Es kann sofort losgehen. Niemand hat Gepäck, denn jeder Massai hier im Dorf besitzt genau ein Kleidungsstück, und das hat er bereits an: ein rotes oder blaues Tuch, das über einer Schulter zusammengeknotet ist. Auch für das Baby muss nichts eingepackt werden. Windeln kennt man nicht, und die Muttermilch hat immer genau die richtige Temperatur.

Ein kleines Kuddelmuddel entsteht lediglich durch die Frage, wer außer Angelika, der Mutter und dem kranken Kind sonst noch mitfahren möchte beziehungsweise wer die Ehre hat, mitfahren zu dürfen. Kandidaten gibt es zuhauf. Schließlich entscheidet Angelika, dass ein Geschwisterkind des Babys und ein älterer Mann, der sowieso noch in der Dispensary nach Augensalbe fragen wollte, einsteigen dürfen. Als der Motor schon läuft, klettert in letzter Sekunde auch noch die Oma ins Auto, die mit ihrer mutigen Entscheidung die Reise erst möglich gemacht hat. Sie möchte lieber alles von Nahem miterleben. Ihrem Sohn kann sie auch zu später Stunde noch alles erklären. Bis dahin soll er sich gedulden.

Es geht los – noch minutenlang hängt die Staubwolke in der Luft, nachdem der Wagen schon außer Sicht ist.

Kristin und Bastian haben jetzt Zeit, sich das Boma genauer anzuschauen. Boma – so heißt bei den Massai das, was in anderen Teilen Afrikas Kral genannt wird. Ein Boma entsteht, wenn ein Mann und sein Bruder und vielleicht noch ein Freund beschließen, nebeneinander zu wohnen. Dann braucht jede ihrer Frauen eine eigene Hütte – und darf sie auch gleich selbst bauen, denn Hausbau ist bei den Massai Frauensache. Angenommen, jeder der Männer hat drei Frauen, dann entsteht ein mittelgroßes Boma mit neun Hütten. Meistens stehen die Hütten im

Kreis oder in einem Oval. Alle zusammen sind sie von einem dichten Dornenzaun umgeben, der die Familien vor Löwen- und Hyänen-Besuch schützt. Geschlossen wird der Dornenzaun aber nur zur Nacht; am Tag bleiben ein oder mehrere Zugänge offen. Innerhalb des Bomas gibt es eine zweite Dornenhecke um einen freien Platz herum. Hierhin werden am Abend die Kühe und Ziegen getrieben, damit auch sie vor wilden Tieren geschützt sind.

Die beiden Wazungu werden eingeladen, in eine Hütte einzutreten – Vorsicht: Kopf einziehen!, bedeuten die Gesten der Kinder. Selbst Kristin geht die Hütte nämlich nur bis zur Schulter. In keiner dieser Hütten kann ein Erwachsener aufrecht stehen.

„Ich kann fast nichts erkennen", sagt Bastian. Er ist gleich in die Hocke gegangen. Auch Kristins Augen müssen sich erst an die Dunkelheit gewöhnen. Der Spalt, durch den die beiden eingetreten sind, ist schmal, und Fenster gibt es nicht. Das wenige Licht fällt durch die Ritzen im Dach und ein paar undichte Stellen in den Wänden. Zweige, Lehm und Kuhdung sind die drei Materialien, aus denen alles zusammengeflochten und -geklebt ist. Bei Regen dürfte es hier drin ziemlich feucht werden.

Ein kleines Feuer brennt direkt vor ihren Füßen, das heißt, es qualmt vor sich hin und treibt den beiden, die angestrengt ins Halbdunkel blicken, Tränen in die Augen. Zwei Hühner verlassen fluchtartig die Hütte. Das Ei, das das eine von ihnen gerade noch hinterlassen hat, wird von einem der Kinder im hohen Bogen aus der Hütte geworfen – Massai mögen nämlich kein Hühnerfleisch, und auch die Eier des Federviehs haben einen schlechten Ruf: Sie sollen unfruchtbar machen. Also nichts wie weg damit.

Schon bald verlassen die beiden die Hütte. Die gebückte Haltung strengt sie an, und Sitzgelegenheiten haben sie keine gesehen. Der Gedanke, dass sie Zelte dabei haben, beruhigt sie sehr, wenn sie an die kommende Nacht denken.

Die Hitze hat nachgelassen. Bei ihrer Ankunft wirkte das graubraune Boma trostlos und dreckig. Aber jetzt, als sie vor die Hütte treten, erscheint ihnen die Kulisse im Licht des frühen Abends fast romantisch. Dass Ziegenkot und schwarze Plastiktüten den „Dorfplatz" bedecken, kann man nicht mehr so genau erkennen, aber die Silhouette der Akazien vor dem sich rot färbenden Himmel sieht hinreißend aus. Und in der Ferne kann man den Ol Donyo Lengai, den „Berg Gottes", erkennen. Weithin sichtbar ragt er aus der Steppe heraus.

Engai wohnt auf diesem Vulkan, erzählen sich die Massai. Dort oben, wo die heiße Lava hervorbricht, ist er zu Hause. Fast immer ist der Ort, an dem der glühende Brei seinen langsamen Weg nach unten beginnt, in Wolken gehüllt. Deshalb sieht der kegelförmige Berg selbst am Tag geheimnisvoll aus. Zu seinen Füßen liegen einige erloschene und weit kleinere Vulkane, als wären sie Kinder des großen, majestätischen Berges. 2950 Meter ist er hoch, aber nah am Äquator gibt es auch auf dieser Höhe keinen Schnee. Dennoch sieht der Gipfel von ferne aus, als wäre er schneebedeckt. Denn die Lava, die aus seinem Inneren quillt, ist „nur" knapp 600 Grad heiß und bleicht schneller aus als die etwa 1000 Grad heiße Lava anderer Vulkane. Jetzt, wo es dunkel wird, scheinen die Lavafelder am Kraterrand orange-rot zu glühen. Ein beeindruckendes Bild bietet dieser Berg Gottes, in der Nacht nicht weniger als am Tag.

Solange man noch etwas sehen kann, möchten Bastian und Kristin unbedingt ein paar Seiten Tagebuch schreiben. Mit den Batterien ihrer Taschenlampen wollen sie sparsam umgehen, und die Solarlampen können erst morgen wieder aufgeladen werden. Den Massai reicht am Abend der Schein des Feuers. Eine andere Beleuchtung kennen und brauchen sie nicht. Und statt Tagebuch zu schreiben, erzählen sie einander, was sich zu erinnern lohnt. Geschichten von heute und gestern, alte und neue Episoden aus der Geschichte der Massai, die keine Jahreszahlen und keine Epochen kennt.

Endlich! Der Dieselmotor des Geländewagens ist zu hören. Angelika kommt. Mit dem unüberhörbaren Kriegerschrei meldet sie sich zurück. Die Mutter und ihr Kind sind in der Dispensary geblieben, sie werden morgen oder übermorgen zu Fuß ins Boma zurückkommen, wenn es dem Baby wieder besser geht. Alle anderen Mitreisenden sind heil wieder da und erzählen in der Runde am Feuer, was sie erlebt haben. „Jetzt beten wir noch!", sagt Angelika schließlich, obwohl sie eben gerade noch erklärt hat, wie ein Abszess aufgeschnitten wird. „Wir bitten Gott, dass er bei Nembuan und dem Baby ist, dass sie bald gesund zurückkehren und dass er uns alle in der Nacht behütet. Meine Gäste und ich bleiben heute Nacht hier im Boma. Im Dunkeln zu fahren, ist zu gefährlich. Ich will nicht wieder einen Leoparden vor der Stoßstange hängen haben." Alle lachen, denn sie kennen die Geschichte.

Dann betet Elias auf Kimassai, laut und lange. Elias hat sich vor zwei Jahren taufen lassen. Aber auch alle anderen, die nicht Christen geworden sind, bleiben dabei und unterbrechen ihr Palaver. Sie schweigen. Gott hat Angelika geschickt, das ist sicher. Man müsste nur noch herausbekommen, ob der Jesus, von dem sie so oft spricht, nicht die Massai-Art zu leben kaputt macht. Niemand soll sie zwingen, anders zu leben, als es sich für einen stolzen Krieger gehört. Kein Jesus und keine Sister.

Obwohl es inzwischen stockdunkel ist, sind die beiden Zelte für Kristin und Bastian schnell aus dem Auto geholt und neben einer Hütte aufgebaut. Eine junge Witwe hat Angelika eingeladen, bei ihr zu übernachten. Die Kuhhaut, die sie mit ihren drei

Kindern und der Sister teilt, liegt auf einem Gerüst aus Zweigen, etwa dreißig Zentimeter über dem Boden. Das jüngste Kind ist noch längst nicht trocken, der Geruch der Kuhhaut bestätigt es. Auch die Lieblingsziege der Kinder, die nicht draußen schlafen muss, sondern direkt neben Angelikas Kopf stehen darf, riecht etwas streng. Wanzen gibt es hier auch, aber nach einem Tag wie diesem ist die Müdigkeit irgendwann doch stärker als der Wille, jedes einzelne Tierchen zu verfolgen.

„Wisst ihr, was ich an Afrika so liebe?", fragt Angelika durch die Lehmwand ihre Gäste in den Zelten nebenan. „Dass man nie weiß, wie der Tag endet. – Schlaft gut!"

2
Die wilde Heilige

„Angelika kann nicht stillsitzen."
„Angelika stört den Unterricht."
„Ihre Leistungen im Sportunterricht sind olympiaverdächtig."
Eine hellblonde, für ihr Alter schon recht große Achtjährige sitzt neben ihrer Mutter auf der Kirchenbank. Der Gottesdienst in der ehrwürdigen Breklumer Kirche hat eben erst begonnen, von der Orgel tönt das Vorspiel zum Eingangslied. Dem Mädchen fällt das Gesangbuch mit einem Plumps zu Boden, bald darauf rollt ein Geldstück, das für die Kollekte bestimmt ist, mit hellem Ton über den Steinboden. Angelika taucht unter die Vorderbank, um es aufzuheben, und stößt sich dabei den Kopf.

„Aua!" – „Psst!" – „Mein Kopf!" – „Ja, ich weiß. Aber jetzt bleib sitzen!"

Wenn das so einfach wäre! Angelika versucht es zur Abwechslung mal im Schneidersitz, aber dabei kommt ihr rechtes Knie mit der Nachbarin in Konflikt, die tief durchatmet und etwas abrückt. Also doch besser die Füße runter von der Bank und ein bisschen baumeln lassen. Nur dass sie jetzt rhythmisch gegen die Vorderbank stoßen. Der Mann mit der polierten Halbglatze guckt kurz über die Schulter zurück: Das kann doch nur die Zweitälteste des Pfarrers sein! Und sie ist es mal wieder. Na ja, man weiß ja: Pfarrers Kinder, Müllers Vieh …

„Karl-Theodor, eins sag ich dir", verkündet die Mutter beim Mittagessen, „Ich war heute das letzte Mal mit Angelika im Erwachsenen-Gottesdienst. Es war eine Qual. Für sie und für mich. Dieses Kind kann nicht fünf Minuten stillsitzen. Und ich werde es auch nicht mehr dazu zwingen.“

Das Wort der Mutter hat in der Familie Wohlenberg Autorität. „Unsere Mutter hat gesagt …“, ist eine feststehende Wendung, die bedeutet: Das letzte Wort in dieser Sache ist bereits gesprochen. Geli, wie Angelika in der Familie heißt, wird also nicht mehr zum Stillsitzen gezwungen. In der Schule sollen die Lehrer schauen, wie sie mit ihr klarkommen. Und zu Hause bieten das große Haus und der riesige Garten unzählige Möglichkeiten, den langen Nachmittag zu verbringen, ohne auch nur ein einziges Mal still zu sitzen. „Hibbeligkeit“ und überschäumende dumme Gedanken finden ihr Ventil bei Indianerspielen, wilden Jagden durch die Nachbarschaft und Mutproben auf dem Dachfirst des mehrstöckigen Hauses.

Das Auge der Eltern kann nicht überall sein, schließlich vergrößert sich die Familie in kurzen Abständen und füllt nach und nach die unzähligen Räume des alten Backstein-Pfarrhauses. Nach Mary und Geli kommen Doddi, Pitt, Tetsche, Mecky, Maike und Matches zur Welt – jedes Kind in dieser Familie hat einen Spitznamen, nur Maike bleibt Maike. Manche haben auch mehrere, mal diesen und mal jenen. Einige sind als Kosenamen entstanden, andere sind ein bisschen spöttisch gemeint. Geli heißt eine Zeit lang Heinz, jedenfalls bei den Geschwistern, die Eltern können sich mit diesem Namen nicht richtig anfreunden. Heinz, das bedeutet: An Angelika „ist ein Junge verloren gegangen“ – in den fünfziger und sechziger Jahren ist das durchaus noch als Kompliment gemeint.

Mit der Kinderschar wächst auch das Familienauto: Erst ist es ein VW-Käfer, dann ein Opel Caravan, alle folgenden sind VW-Busse. Vor jeder Fahrt wird durchgezählt, denn leider ist es schon einmal vorgekommen, dass ein Kind vergessen wurde. „Durchzählen!“, ruft die Mutter, und jedes Kind sagt seine Zahl, von der Ältesten, die laut „Eins“ schreit, bis zum Jüngsten, der

Angelika, etwa 1960 / Foto: privat

schon mit zwei Jahren weiß, wann er mit seinem piepsigen „Acht!" dran ist.

Acht Kinder, das ist auch damals alles andere als üblich. Dennoch kommt Angelika nicht ein einziges Mal der Gedanke: „Ach, wären wir doch nicht so viele!" Ihr ist es auch vor Klassenkameraden nicht peinlich, einen Tross jüngerer Geschwister hinter sich her zu ziehen. Im Gegenteil: Sie empfindet das Leben in der großen Familie als geradezu paradiesisch. Die Wohlenberg-Kinder könnten sich eigentlich selbst genügen. Egal, was sie spielen wollen – alle Rollen können aus eigenem Personal besetzt werden. Aber jedes Kind bringt gern und häufig Freunde nach Hause, bis Bobby, der arme Familienhund, ganz verwirrt ist, weil er den Überblick verloren hat: Wann soll er bellen und wann darf er mit dem Schwanz wedeln?

Geli (links) und Doddi / Foto: privat

Das Pfarrhaus mit den Diensträumen des Vaters im Erdgeschoss wird in Nordfriesland „Pastorat" genannt. Das hört sich für Menschen, die sich hier nicht auskennen, ernst, streng und ein bisschen feierlich an. Aber die Kinder, die durchs Haus toben, sorgen dafür, dass sich dieser Eindruck nicht lange hält. Dabei ist das Haus nicht nur ein normales Pastorat der Nordelbischen Kirche, sondern ein kirchengeschichtlich bedeutender Ort. Hier gründete Pastor Christian Jensen 1876 im ersten Stock eine „Heidenmissionsanstalt". Und genau an diesem Ort wird Angelika runde achtzig Jahre später geboren.

Jensen war ein lutherischer Pietist. Jemand, dem Luthers Lehre wichtig war, aber noch wichtiger, dass der einzelne Christ weiß, was er glaubt – und das auch in der Praxis lebt. „Lieber ein lebendiger Methodist als ein toter Lutheraner", sagte er immer, obwohl das Verhältnis zwischen den verschiedenen Konfessionen damals nicht unbedingt freundschaftlich war. Von der Lütjenswarft am friesischen Außendeich bei Fahrtetoft kam er her. Das war damals wie heute nah am Ende der Welt. Er war seit wenigen Jahren in Breklum Pfarrer, und die Leute mochten ihn. Ein einfacher Mann wie sie, ohne akademische Allüren.

Dennoch genügte es ihm nicht, den Breklumer Bauern zu predigen, sie zu trauen, zu beerdigen und ihre Kinder zu taufen. Jensen war als junger Mann einmal bis Madeira gekommen, das hatte seinen Horizont kräftig erweitert. Nun nahm er von Nordfriesland aus die ganze Welt in den Blick. Seine „Heidenmissionanstalt", die spätere Breklumer Mission, sollte Missionare ausbilden und aussenden, die bereit waren, in die entlegensten Gegenden der Welt zu gehen. „Heidenmission" gab es schon, allerdings meist im Schlepptau der Kolonialmächte England, Frankreich, Holland und Spanien. Seit neuestem gehörte auch das Wilhelminische Deutschland dazu. Für die Missionare war das bequem, sie hatten deutsche Beamte, an die sie sich bei Schwierigkeiten wenden konnten und die ihnen Schutz garantierten.

Jensen dagegen fragte: „Wo leben die Ärmsten und Elendesten in der Welt der Völker?" Dorthin sollten die Breklumer Missionare gehen. Und das führte sie bald nach der Gründung der „Anstalt" in fremde Länder, in denen sie niemals auf amtliche deutsche Hilfe hoffen konnten. Zum Beispiel zu den Menschen im Koraput-Distrikt in Nord-Ost-Indien. Zu einer verachteten, niedrigen Kaste.

Koraput – diesen Namen kennt Angelika schon, bevor sie im Atlas auch nur die Indien-Karte finden kann. Breklum ist zwar ein Nest, mehr Dorf als Kleinstadt, aber einmal im Jahr durchweht den Ort etwas von der großen Welt. Nicht der großen weiten Welt von Mode und Zigarettenduft, sondern der Welt, in der es um Indianerstämme geht, zu denen man sich einen Weg mit dem Buschmesser bahnen muss. Um Bantus, die in runden Hütten wohnen. Um getaufte „Eingeborene" in Papua-Neuguinea und schwer kranke Missionare auf Südseeinseln. Mehrere Tausende „Missionsfreunde" kommen dann nach Breklum, sehen Dias und hören Geschichten, in denen Kopfjäger, Krokodile und Vogelspinnen vorkommen.

Das ist selbst für die Kinder des Ortes spannend und eins der großen Ereignisse des Jahres. Auch für die Wohlenberg-Kinder. Beim Jahrestreffen im großen Festsaal mischen sich die Neugierde auf fremde Kulturen, der Spaß an abenteuerlichen Geschichten und die heimliche Angst davor, Gott könnte einen selbst in die Mission rufen. Ein Mann oder eine Frau, die in die Mission gehen, die müssen ja wohl nicht nur ungewöhnlich fromm sein, sie brauchen auch eine robuste Gesundheit und vor allem starke Nerven.

Die Wohlenberg-Kinder wissen das aus ihrer eigenen Familiengeschichte. Ihr Großvater, Christoph Friedrich Wohlenberg, war nämlich über eine Zwischenstation in Madras in den Koraput-Distrikt gekommen. Er war es, der im Jahre 1898 dort die ersten Christen taufte. Zur Erinnerung an diese Zeit liegt im Esszimmer-Buffet ein besonderes Souvenir: eine trockene Schlangenhaut. Auch ein altes Fotoalbum mit Indien-Bildern gibt es noch. Manchmal setzen sich die Kinder auf das Sofa und schauen es an. Schaurig-schön sind diese Bilder. Auf einem sind zwei Babys zu sehen, die an Malaria gestorben sind. Wer mag sie nur fotografiert haben? Großvater etwa?

„Ich will die nicht sehen, blätter weiter!", sagt der kleine Mecky. Aber Angelika hält sich die Schwarz-weiß-Bilder noch dichter vor die Nase, um alles genau zu erkennen. Ob Großvater nie Angst hatte, selbst krank zu werden und zu sterben?

Großvater Christoph Friedrich Wohlenberg hatte in seinem Leben zwei Frauen und sieben Kinder. Die erste Frau starb an Typhus, zwei Kinder starben bald nach der Geburt an Malaria, zwei Söhne fielen im Zweiten Weltkrieg. Als Enkelin Angelika ein Kind ist, leben außer ihrem Vater nur noch Tante Lu in Hamburg und „die eiserne Lady“, Großvaters zweite Frau, deren Stärke und Frömmigkeit Angelika schon als Kind beeindrucken.

Und dann gibt es noch eine Geschichte, die bei Wohlenbergs immer wieder erzählt wird: Zwei der Missionarskinder waren erst sechs und acht Jahre alt, als ihre Eltern sie in Kalkutta zum großen Übersee-Dampfer begleiteten, der sie nach England bringen sollte. Mit dem fuhren sie dann wochenlang alleine, bis sie jenes für sie völlig fremde Land erreicht hatten, in dem sie zur Schule gehen sollten. – Die Armen! Oder waren sie doch nicht arm? Waren sie vielleicht glücklich, weil sie Abenteuer erleben durften, von denen man sich Jahrzehnte später noch erzählte?

Wer damals in die Mission ging, der verabschiedete sich von seinem Leben in Europa für unbestimmte Zeit, oft für den Rest seines Lebens. Dass die Kinder in die Schule mussten und es in dieser Gegend Indiens keine passende gab, war noch lange kein Grund, das „Missionsfeld“ zu verlassen. Ob die beiden Mädchen ihre Eltern jemals wiedersehen würden, war völlig ungewiss. Wen Gott ruft, der muss bereit sein, auch solche Opfer zu bringen – da waren sich die alten Wohlenbergs ganz sicher. Und die Bereitschaft zum Opfer wurde den Kindern genauso abverlangt wie den Eltern. Die beiden sahen ihre Eltern wieder, denn 1914, nach Ausbruch des Ersten Weltkriegs, wurden zuerst die Missionare und später auch die Frauen und Kinder interniert. 1916 kamen sie mit der berüchtigten, weil völlig seeuntüchtigen „Golkonda“ nach Hause.

Es gibt eine weite, bunte Welt voller Abenteuer. Außerhalb von Breklum. Das weiß Angelika schon früh, und deshalb geht sie gerne zum Missions-Jahresfest. Auch 1963, da ist sie gerade acht Jahre alt geworden. Gott liebt alle Menschen und hat Jesus geschickt, damit sie es verstehen und glauben können, hört sie dort. Aber woher sollen die Menschen in entlegenen Gebieten davon erfahren, wenn niemand zu ihnen geht? Sie leben in Angst und Unwissenheit, dabei will Gott sie befreien.

„Vielleicht ist ja auch hier jemand, der eines Tages in die Mission geht, weil Gott ihn gerufen hat", sagt jemand am Rednerpult.

Angelika hört gut zu und merkt gar nicht, dass sie sogar stillsitzt.

„Ich gehe in die Mission, wenn ich groß bin", verkündet sie zu Hause am Mittagstisch. Die Eltern lächeln über ihre eifrige Tochter. „Das ist schön, Geli. Aber warte mal ab, wenn du einen Mann und Kinder hast, dann denkst du bestimmt nicht mehr an die Mission. Und jetzt pass mal auf, dass du nicht wieder den Saft umschüttest."

Draußen im Garten erzählt ihr niemand etwas von Mann und Kindern. Da ist Angelika in Afrika, mitten im Busch. Oder ist sie Pippi Langstrumpf in Taka-Tuka-Land? Das Buch ist gerade erst erschienen, aber Angelika kennt schon alle Geschichten in- und auswendig. Pippi ist ihr großes Vorbild. Ob sie auch ein Pferd hochheben könnte?

Sie findet ihren Weg durch Schlingpflanzen und umgestürzte Mammutbäume. Sie klettert von Ast zu Ast, denn unten auf dem Boden lauern giftige Schlangen. „Vorsiiicht!", schreit sie und schwingt sich über einen Abgrund. „Geli, pass auf, du fällst runter!", rufen die Geschwister zum Baum hoch, aber Angelika hat keine Angst. Sie liegt mit dem Bauch auf einem Ast und lässt Arme und Beine baumeln. Überhaupt: Angst – wie fühlt sich das an? Wenn die anderen darüber reden, kann Angelika sich nicht richtig vorstellen, was sie meinen. Sie kennt Schmerzen, das sieht man ihren Knien und Ellbogen an. Aber Schmerzen gehören einfach dazu. Angst muss man deswegen keine

Oldonyo Lengai, der heilige Berg der Massai / Foto: Angelika Wohlenberg (AW)

Massaikrieger beim Tanz / Foto: Frank Boysen

Angelika und Mrutu beim Einführungsgottesdienst in Engasmet, November 1983 / Foto: AW

eine Wasserstelle in einem ausgetrockneten Flussbett / Foto: AW

ein Boma aus der Vogelperspektive / Foto: AW

vor einer Hütte in der Südsteppe / Foto: Hanna Schott (HS)

beim Brandmarken einer Kuh / Foto: AW

Krieger zerlegen eine Ziege / Foto: AW

Angelika (rechts neben dem Vater) bei ihrer Konfirmation /
Foto: privat

haben. *Gott passt auf mich auf*, ist ein Gedanke, der ihr so selbstverständlich ist wie: *Mutter ist im Haus*. Aber es ist doch gut, ihn und sich selbst daran zu erinnern. Deshalb schickt Angelika jedes Mal ein kurzes Stoßgebet zum Himmel, bevor sie abspringt oder mit der „Tarzanschwinge" von einem Baum zum anderen fliegt.

Zwei Jahre lang turnt Angelika im Garten herum, dass die anderen Kinder nur so staunen. Gelis Kletterkünste und Sprünge sind einfach unerreicht. Bis sie, als sie zehn ist, vom Übermut gepackt von einem hohen Ast ohne „Zwischenhalt" in die Tiefe springt. Die Abschürfungen und Prellungen sind nicht weiter tragisch. Aber die Bauchschmerzen, die bald nach dem Sturz einsetzen, werden immer schlimmer. Schließlich sind sie schier unerträglich. Angelikas Eltern sind einiges gewöhnt und wirklich nicht pingelig. Oft schon hat „die wilde Geli“ ihnen einen Schreck eingejagt; erst vor einem Jahr ist sie direkt vom Schulhof ins Krankenhaus transportiert worden. Da hatte sie sich beim Toben „nur“ einen komplizierten Schlüsselbeinbruch geholt. Aber jetzt werden sie doch unruhig, diesmal sieht es ernster aus.

Es ist ein Darmverschluss, stellt man nach einer gründlichen Untersuchung im Krankenhaus fest. Der Arzt vermutet, dass der Sturz zu einer Verschlingung geführt hat. Angelika muss sofort operiert werden. Als sie aus der Narkose aufwacht, sitzt die Oma am Bett, Mutters Mutter.

„Es hätte nicht viel gefehlt, und sie hätten dich nicht mehr retten können, Geli“, sagt sie und nimmt Angelikas Hand.

„Aber denk dir, Oma“, sagt Angelika mit schwacher Stimme, „der Heiland hat mich am Leben gelassen. Ist das nicht nett von ihm? Vielleicht hat er ja noch was mit mir vor.“

Doch obwohl die Operation erfolgreich verlaufen ist, verschlechtert sich Angelikas Zustand in den folgenden Tagen. Schließlich ist er äußert kritisch. Den Geschwistern zu Hause wird verboten, laut zu sein und herumzutoben. Sie sollen an ihre Schwester denken und für sie beten. Bei jedem Klingeln des Telefons schrecken die Eltern zusammen – und sind dann maßlos erleichtert, wenn es keine Schreckensnachricht aus dem Krankenhaus ist.

Fünf Tage schwebt Angelika zwischen Leben und Tod. Dann setzt sich ihr Lebenswille durch und sie macht jeden Tag kleine Fortschritte. Zum Glück hat man ihr nicht ihren gesunden Appetit herausoperiert. Der stellt sich bald schon wie gewohnt ein, und als sie endlich nach Hause darf und im Garten herumtobt, wissen alle: Die wilde Geli ist wieder da! Gott sei Dank!

Am Abend schleichen sich Mary und Doddi an Angelikas Bett.

v.l.n.r.: Pitt, Mecky, Doddi, Maike, Geli, Tetsche, Matches, Mary / Foto: privat

„Du, Geli, wir müssen dir was sagen: Als es dir so schlecht ging, da sollten wir ja nicht toben und Krach machen und so. Aber wir haben die Tür von unserem Zimmer zugeschlossen und ‚Let's kiss' gehört und haben dazu getanzt und sind rumgesprungen. Aber du bist ja trotzdem gesund geworden. Wir wollten dir das nur sagen. Nicht, dass du uns böse bist, falls die Jungs dir das erzählen …"

1972 zieht die Familie nach Adelby, einem kleinen Ort bei Flensburg, direkt an der dänischen Grenze. Hier übernimmt der Vater seine zweite Pfarrstelle. Ein zweifelhafter Ruf eilt der Familie voraus: „Der Pastor kommt mit einer ganzen Fußballmannschaft!"

Das Pfarrhaus grenzt an den Friedhof – ein neuer „Abenteuerspielplatz“ für die Wohlenberg-Kinder. Es macht ihnen Spaß, Liebespaare zu erschrecken, die sich hier abends treffen. Auch die Leichenhalle weckt ihr Interesse. Eines Tages wird nämlich ein junger Mann im Kornfeld gefunden, der schon seit einiger Zeit tot sein soll. Jetzt liegt er in der Halle und stinkt so fürchterlich, dass man im Pfarrhaus nicht die Fenster zur Friedhofseite öffnen kann. Angelika und Pitt lässt die Neugierde keine Ruhe. Aus Vaters Arbeitszimmer „entleihen“ sie kurz den Schlüssel zur Leichenhalle. Und dann stehen sie entsetzt und fasziniert vor dem offenen Sarg. Das müssen sie den Geschwistern erzählen!

Von jetzt an besuchen die Kinder von Zeit zu Zeit die „Neuzugänge“. Heimlich natürlich, so etwas würden die Eltern ja nie erlauben. Aber die können die Augen nicht überall haben, und so bleiben die Ausflüge selbst dann noch unbemerkt, als der fünfjährige Matches bei einer Familienfeier vor allen vierundzwanzig anwesenden Cousins und Cousinen prahlt: „Wollt ihr mal Leichen sehen? So was habt ihr nicht zu Hause!“ Natürlich wollen sie, jedenfalls müssen alle kleinen Jungs ihren Mut beweisen. Stolz rennt Matches voraus. Zwei offene Särge stehen in der Leichenhalle, und ein leichter Verwesungsgeruch liegt in der Luft. Die Kinder sprechen nur leise miteinander. Sie wollen nicht entdeckt werden, und außerdem ist es hier ganz schön unheimlich.

Angelika ist schon fast erwachsen, als dieses „Spiel“ abrupt endet: In der Halle liegt ihr Bruder, der fünfzehnjährige Pitt, Christoph Wohlenberg, der vierte in der Geschwisterreihe. Ein Lastwagen hat ihn erfasst, während er zu Fuß an der Landstraße unterwegs war. Als er gefunden wurde, war er bereits tot. Jetzt betritt die ganze Familie gemeinsam die Leichenhalle, um sich von Pitt zu verabschieden. Auch die Kleinen wissen sofort, dass sie diese Halle nie wieder zum Spaß betreten werden.

das Wohlenbergsche „Bläserensemble" (ganz rechts: Pitt; in der Tür neben dem Vater: Angelika) / Foto: privat

Am Abend geht Angelika noch einmal allein an Pitts Sarg. Sie möchte die Verletzungen sehen, die seinen Tod verursacht haben. Und sich noch einmal von ihm verabschieden, ohne dass die anderen dabei sind.

Als sie noch in Breklum wohnten, haben Pitt und Angelika sich mit ihren Initialen an zwei Stellen des alten Pfarrhauses verewigt: in der Mauer am Eingang, neben all den Initialen früherer Pfarrerskinder, und auf einer Schiefertafel oben auf dem Dach. Als Angelika das nächste Mal dorthin kommt, steigt sie auf das Dach und ritzt Pitts Todesdatum neben die Anfangsbuchstaben seines Namens.

Die großen Wohlenberg-Kinder gehen auf zwei Husumer Gymnasien und streben aufs Abitur zu. Nur Angelika fährt zur

Realschule nach Bredstedt. Seit ihrem Krankenhausaufenthalt ist sie wenig belastbar, und „Sitzfleisch“ hatte sie ja noch nie.

Wie viel Unsinn die Kinder auch machen – in vieler Hinsicht sind sie doch die „gelungenen Pfarrerskinder“ aus dem Bilderbuch: Alle lernen ein Instrument, manche zwei, einige sogar drei. Alle haben im Alter von fünf Jahren mit der Flöte angefangen und so die Noten gelernt. Sie singen im Chor, sie helfen im Kindergottesdienst, sie machen den Eltern Freude und den Schulen alle Ehre. Angelika ist zwar kein Konzentrationstalent, aber weil auch sie großen Spaß an der Musik hat, lernt sie dennoch Klavier, Gitarre und Trompete. Von der Schule hat sie jedoch nach zehn Jahren genug. Sie möchte nicht aufs Gymnasium, um das Abitur zu machen. „Außer Sport werde ich nichts vermissen, wenn ich nicht mehr zur Schule gehe“, sagt sie ihren Eltern eines Abends. „Und überhaupt: Ich brauche kein Abi. Ich will sowieso Lkw-Fahrerin werden. Oder Seemann.“

Die Eltern atmen tief durch. Dabei haben sie es bereits geahnt. Angelika ist ganz anders als ihre anderen Kinder. Statt mit Puppen zu spielen, hat sie sich mit den Jungen aus dem Dorf geschlagen. Jetzt ist sie sechzehn, aber wenn es drauf ankommt, verteidigt sie ihre kleinen Brüder immer noch mit der Faust. Auch wenn das ein blaues Auge und eine blutende Nase kostet. Wenn die Freundinnen anrufen, muss man sie bitten, es in zehn Minuten noch mal zu versuchen. So lange braucht Angelika nämlich, um von der Spitze eines hundert Jahre alten Baums zu klettern, der im Garten steht. Was soll aus dem Kind werden? Gibt es einen Beruf, in dem man solche Fähigkeiten gebrauchen kann? In einem Uni-Hörsaal oder in einer Bibliothek, in der man nur gemessenen Schrittes gehen und leise flüstern darf, können sie sich ihre Tochter jedenfalls nicht vorstellen. Auf Abitur und Studium kann sie wohl tatsächlich verzichten.

Wie ihre Tochter kennen auch Elisabeth und Karl-Theodor

Wohlenberg Sorgen und Schmerzen, aber wenig Angst – auch nicht im Blick auf die Zukunft ihrer Kinder. „Aber lern was Vernünftiges. Einen Lkw-Führerschein kannst du immer noch machen."

Was das Vernünftigste wäre, liegt auf der Hand. Die „fixe Idee", Missionarin zu werden, hat sich im Lauf der Jahre nämlich nicht einfach verflüchtigt. Im Gegenteil: Inzwischen hat Angelika einen Plan, der ihr ziemlich klar vor Augen steht: Sie will nach Afrika. Mut und Kletterkünste schaden da sicher nicht, aber „im Busch" wird sie noch sehr viel mehr gebrauchen können. Eine Krankenpflege-Ausbildung wäre also ideal. Aber Lust, einen typischen Frauenberuf zu erlernen, hat sie eigentlich nicht. Drei Jahre lang mit lauter Mädchen in geschlossenen Räumen verbringen – ob sie das wirklich will und überhaupt schafft? Ein handwerklicher Beruf würde sicher viel mehr Spaß machen, am besten Kfz-Mechaniker oder Tischler. Aber den Meister, der ein Mädchen (und dazu eine Pfarrerstochter!) als Lehrling einstellt, kann sie lange suchen.

Der Sieg der Vernunft ist unausweichlich. Die wilde Geli wird weiß gewandete Schwesternschülerin in Flensburg. Und siehe da: Das Leben in einer Schwesternschule muss nicht langweilig sein. Auch wenn es eine kirchliche Einrichtung ist, die Lehrschwestern Diakonissen sind und abends um zehn Uhr eigentlich das Licht gelöscht sein sollte. Es kann sogar ganz unterhaltsam sein, wenn man es richtig zu gestalten weiß.

Angelikas Sportlehrerin hat ihr den Namen Tarzan gegeben, und die Diakonissen übernehmen ihn. Sie haben keine Angst vor der ungewöhnlichen Schülerin und setzen ihr Talent ein: „Auf Zimmer acht liegen sieben Bundeswehrsoldaten. Die anderen gehen da nicht gerne rein. Tarzan, kannst du das Zimmer übernehmen?"

Klar. Tarzan kann nämlich nicht nur Betten machen und Fieber messen, sondern auch Fingerhakeln und Armdrücken, jedenfalls mit jungen Männern, die nach der OP noch etwas geschwächt sind. Das Vokabular dieser Männer entspricht nicht gerade dem, was Angelika von zu Hause gewohnt ist, aber unter ihren langen Haaren sieht man die roten Ohren nicht. Und als sie ein Tablett balanciert und gleichzeitig mit dem Fuß die Zimmertür öffnet, hat sie die Männer für sich gewonnen. Und die Diakonissen sowieso.

Wenn man schon an einem Ort lebt, an dem feste Regeln unumgänglich sind, dann muss man sich eben Freiräume schaffen, sagt sie sich. Kleine: nur zum Spaß im Keller ein paar Kakerlaken fangen und sie in einem Glas als Dekoration auf den Schwesterntisch stellen. Oder auch größere: heimlich den Motorrad-Führerschein machen.

„Das schlag dir aus dem Kopf, Kind", ist alles, was die Eltern zum Thema Motorrad anzumerken hatten. Bei einer Fahrstunde stehen sie sich dann an einer Kreuzung gegenüber, der Vater im Auto, Angelika auf dem Motorrad. Zum Glück verhindert der Helm, dass der Vater sie erkennt. Und als alles zu spät ist und der Führerschein auf dem Küchentisch liegt, meint die Mutter, typisch norddeutsch: „Du Schiedbüttel, du!"

Dass Angelika in die Mission will, wissen an der Schwesternschule alle. „Da kommt ja unsere wilde Heilige", heißt es deshalb, wenn Angelika mit dem Motorrad angebraust kommt. Der Name bleibt ihr erhalten. Auch als sie das Examen ablegt, für kurze Zeit in Steinbergkirche als Gemeindeschwester arbeitet und dann nach Tübingen geht, um in der Tropenklinik Stationsschwester zu werden. Hier gibt es noch mehr „Verrückte" wie sie, die sich freiwillig für grässliche exotische Krankheiten interessieren. Und auch „Fromme", die sich einmal in der Woche zum Gebet treffen.

Wie war das noch mit Mann und Kindern, die Angelika schon irgendwann von „dieser Idee mit Afrika" abhalten würden?

Tauchte da nie jemand auf, dessen Nähe wichtiger wurde als die Bedürfnisse unbekannter Menschen in der Ferne?

Doch. Da gab es jemanden. Er kam aus Angeln in Norddeutschland und war zwar alles andere als der nervenstarke, sportliche Typ, den Angelika sich schon gut im Einbaum vorstellen konnte. Aber eines Tages waren die beiden doch verlobt.

Und eines Tages waren sie wieder entlobt. Eine Episode. Ein Versuch. Ein Irrtum. Und zum Schluss ein Befreiungsschlag. Später wird Angelika mit einem befreiten Lachen erzählen: „Zweimal im Leben war ich depressiv: Das erste Mal war ich verlobt, das zweite Mal hatte ich das falsche Malariamittel genommen. Das passiert mir nicht noch mal!"

Es geht also weiter in Richtung Afrika. Durch ihre Arbeit in der Tropenklinik bekommt Angelika Kontakt zum DIFÄM, dem Deutschen Institut für Ärztliche Mission, und nimmt dort an Kursen teil. Geburtshilfe ist eins der Hauptthemen im Gesundheitsdienst, erfährt sie. Am besten wäre es also, noch eine zweite Ausbildung anzuschließen. Aber Angelika würde so gern endlich ihre Sachen packen und losziehen!

Noch einmal siegt die Vernunft, und Angelika bleibt in Tübingen, um eine Ausbildung zur Hebamme zu machen. Weil sie bereits Krankenschwester ist, verkürzt sich die Ausbildungszeit auf eineinhalb Jahre. Und außerdem fällt ihr wieder etwas ein, womit sie sich diese Zeit versüßen kann: Sie macht den Lkw-Führerschein.

Afrika ist groß und eine konkrete Aufgabe ist nirgends in Sicht. Doch dann liest Angelika die Stellenanzeige einer norddeutschen Missionsgesellschaft: „Gesundheitsdienst auf Rädern durch die Massaisteppe in Tansania." Dafür wird ausdrücklich eine Frau gesucht! Angelika greift sofort zum Telefonhörer. Die Stimme am anderen Ende der Leitung wirkt freundlich, aber auch seltsam zurückhaltend.

„Ja … wir freuen uns, wenn Sie zu einem Vorstellungsgespräch kommen. Aber … also, ich sage Ihnen gleich: Die Stelle ist schon seit zwei Jahren vakant. Wir haben diese Anzeige allen Missionsgesellschaften in Deutschland zugeschickt, aber niemand hat sich gemeldet. Die Aufgabe ist nämlich nicht so einfach …“

Angelika ist begeistert. Das ist ihre Stelle! Sie fährt nach Hamburg, unterschreibt, kündigt ihren Vertrag in Rotenburg an der Wümme, wo sie inzwischen als Hebamme arbeitet. Aus „Irgendwo in Afrika“ ist eine konkrete Vorstellung geworden. Wenn sie erzählt, dass sie zu den Massai geht, stellt sie fest, dass die meisten an Langstreckenläufer denken. Sonst hat noch niemand etwas von ihnen gehört.

„Wo leben die denn?“

„Im Süden von Kenia und im Norden von Tansania. Ich werde in Tansania arbeiten.“

„Aha. Und wie lebt man da so?“

„Das weiß ich auch noch nicht so richtig.“

Als letzte Tat in einem deutschen Krankenhaus bekommt Angelika „ihr“ 99. Baby. Das hundertste wird ein Massai-Baby sein. Jetzt kann es losgehen! Aber nein, immer noch gibt es einen weiteren Ausbildungsschritt, der fehlt. Zum Glück ist der nächste nur kurz und außerdem besonders spannend: vier Wochen Tropenkurs in Tübingen. Vor der Abreise schreibt Angelika ihren ersten Rundbrief:

Flensburg/Adelby, 16. August 1982

Liebe Freunde!

Es ist das erste Mal, dass ich mich auf diese Art und Weise im Schreiben und Berichten übe. Natürlich hoffe ich, dass noch viele Rundbriefe folgen werden.

Heute ist übrigens ein ganz besonderer Tag. Es ist nämlich mein Geburtstag, und ich werde stolze 27 Jahre alt, gehöre also schon in die Reihe der „alten Mädchen".

Soeben habe ich das Losungsbuch aufgeschlagen, um das heutige Wort nachzulesen. Es spricht mir aus dem Herzen:

„Ich will dem Herrn singen mein Leben lang und meinen Gott loben, solange ich bin." (Psalm 104,33)

„Jesus spricht: Euer Herz soll sich freuen, und eure Freude soll niemand von euch nehmen." (Johannes 16,22)

Die meisten von euch werden schon davon gehört haben, dass mein Weg jetzt mit vollen Segeln auf die Mission zusteuert. Voraussichtlich werde ich im kommenden Jahr in Tansania unter den Massai als Krankenschwester und Hebamme tätig sein. Mein Arbeitsbereich liegt nicht in einem Krankenhaus, sondern in der freien Steppe.

Zuerst geht die Reise aber für vier Wochen nach Tübingen zu einem Tropenkurs. Denn bei den Massai werde ich wohl kaum mit Diabetikern und Herzinfarktbedrohten konfrontiert werden. Darum muss ich mich jetzt schon mit Hakenwürmern, Malariaanfällen etc. vertraut machen.

Der Einsatz dauert vier Jahre, wenn Gottes Wille dahintersteht, ich gesund bleibe und den Aufgaben gewachsen bin. Vielleicht denkt ihr: Die Arme steht dort ganz allein und opfert sich auf. Aber ich bin doch nie allein, weil Gott immer bei mir ist. Daher will ich kein Bedauern oder Mitgefühl, sondern erbitte vielmehr eure Fürbitte. Auch was meine Eltern angeht, kann ich euch beruhigen. Sie leben voll im Gottvertrauen und wissen, dass ihre Kinder eine Leihgabe Gottes sind, die sie nicht festhalten können. Das haben sie ja bei Christoph, meinem verstorbenen Bruder, schmerzlich erleben müssen und sich doch im Leid unter Gottes Willen und Führung gestellt.

Inzwischen habe ich einen Informationsbrief aus Morogoro erhalten, mit genauen Anweisungen, was ich mitzubringen habe. Am Schluss heißt es, dass eine Portion Humor wichtig sei und dass man mit einem Kulturschock in den ersten Wochen rechnen muss. Dieses Krankheitsbild ist mir völlig unbekannt, und ich bin schon gespannt auf die Symptome!

Es grüßt eure
Angelika

Im Tropeninstitut der Universität Tübingen findet sich eine bunt gemischte Gruppe von vierzehn Krankenschwestern und -pflegern zusammen. Die meisten wollen zum ersten Mal in Übersee arbeiten, andere waren schon dort und können von ihren Erfahrungen berichten. Herr Dr. von Soest erzählt im Unterricht so anschaulich, dass beim Thema Krätze jeder die Milben bereits unter der eigenen Haut spürt. Den Stoff für die schaurigsten Geschichten bieten jedoch die Wurmkrankheiten. Und die Küche scheint sich auch noch mit Dr. von Soest abgesprochen zu haben: Nach der Aufklärung über Bandwürmer gibt es Bandnudeln zum Mittagessen, und nach dem Thema „Wie erkenne ich einen Leberabszess?“ natürlich Leber … Nachmittags geht es mit Laborkunde weiter, und die Tropen-Kandidaten lernen auch zu mikroskopieren.

„Es war fast wie beim Ostereiersuchen“, erzählt Angelika in einem Brief. „Immer wenn jemand ein Wurmei in seinem Ausstrich gefunden hatte, ertönte ein Freudenschrei.“ Die vier Wochen vergehen schnell, und alle finden es richtig schade, dass sie sich in dieser Zusammensetzung wohl nie wiedersehen werden.

Zu Hause in Adelby geht es jetzt ans Packen. Was braucht man, wenn man in einer Kultur leben will, die man kaum kennt? Angelikas Mutter, praktisch und zupackend wie immer, ist

Angelikas größte Hilfe. Fast könnte man meinen, sie sei schon ein paar Mal in Afrika gewesen.

„Pack gleich einen Hammer und ein paar Nägel zum Moskitonetz, dann kannst du es an der Decke befestigen. – Nimm eine Fliegenklatsche mit, aber eine stabile, oder auch gleich zwei."

Am schwierigsten ist es, eine Inhaltsliste zu erstellen. Die verlangt der Zoll, und zwar auf Deutsch und Englisch und mit Angabe des Preises. Was heißt Fleischwolf auf Englisch, und wie viel D-Mark kostet eine acht Jahre alte Obstreibe? Will das wirklich jemand wissen? Und wer überprüft es?

Endlich ist alles in drei großen Kisten verpackt. Eine Hamburger Spedition holt es ab, um es zu lagern und später per Schiff nach Daressalam zu schaffen. Denn immer noch fehlt etwas, obwohl Angelika inzwischen das Gefühl hat, die am besten vorbereitete Reisende aller Zeiten zu sein.

„Ich glaube ja nicht, dass die Afrikaner auf Oxford-Englisch Wert legen, aber ein bisschen besser hättest du im Unterricht ruhig aufpassen können." Das Urteil einer Kollegin ist leider berechtigt, und die Missionsgesellschaft verlangt sowieso von jedem Kandidaten einen Auffrischungskurs. Und so folgt der – jetzt aber wirklich letzte – Teil der Ausbildung: ein sechswöchiger Englischkurs in Birmingham.

Die Zeit der Billigflieger ist noch längst nicht angebrochen, die Fähre gerät zwischen Ostende und Dover in einen Sturm, und das Schiff wird von gewaltigen Wellen geschaukelt. Angelikas Magen schaukelt mit, und sie ist heilfroh, als die englische Küste in Sicht kommt. Aber in Dover anzulegen ist wegen des Sturms zu gefährlich, und deshalb steuert die Fähre einen anderen Hafen an. Sonderbusse bringen die Reisenden an den nächsten Bahnhof. Fast 24 Stunden ist Angelika unterwegs, bis sie endlich Selly Oak, einen Vorort von Birmingham, erreicht. Auch Europa hat Abenteuer zu bieten …

Es gibt zwar schönere Städte in England, aber darum geht ja jetzt nicht. Im Kingsmead College, einer Bildungseinrichtung der Anglikanischen und Methodistischen Kirche, treffen Leute aus der ganzen Welt zusammen. Ein bunter Haufen, in dem Angelika sich anfangs nur mit Händen, Füßen, Gesten und Grimassen verständigen kann. „Ich bin so aufgeregt“ heißt nicht: „I am so exciting“, lernt Angelika hier. Und die Käsenudeln, die sie beim Abend mit „International Food“ macht, heißen nicht „cheese needle“. So ein Kurs lohnt sich wirklich.

Als er abgeschlossen ist, will Angelika eigentlich in einem englischen Krankenhaus ihre neu gewonnenen Sprachkenntnisse in der Praxis erproben und das englische Krankenhauswesen kennen lernen, schließlich ist in Tansania vieles durch die englischen Kolonisatoren geprägt. Aber in Birmingham und Umgebung streikt das Personal sämtlicher Hospitäler für unbestimmte Zeit.

„Sagt mal“, fragt Angelika ihre Mutter von einer Telefonzelle aus, „hättet ihr eigentlich was dagegen, wenn ich noch einmal Weihnachten bei euch feiern würde? Ich verspreche auch: Nächstes Jahr bin ich dann wirklich weg.“

Weihnachten bei der Familie Wohlenberg ist nicht gerade der Inbegriff des kuschelig-romantischen Schlemmerfestes mit Kerzenbeleuchtung und Bläserklang. Dieses Jahr feiern sie mit 66 Leuten, die eigene Familie noch nicht mitgerechnet. Die Kirchen in Flensburg, wo die Familie inzwischen wohnt, veranstalten nämlich reihum eine Weihnachtsfeier für „Einsame und Nichtsesshafte“. 1982 ist die Kirchengemeinde zuständig, in der Angelikas Vater jetzt Pfarrer ist. Alle Wohlenberg-Kinder sind mit dabei und beobachten staunend, welche Berge von Kartoffelsalat verdrückt werden, wie Würstchen in den Handtaschen älterer Damen verschwinden und sich eine Gruppe von Männern heimlich Mut antrinkt, bevor die Weihnachtslieder gesungen werden. Sie müssen sich zurückhalten, um nicht laut loszuprusten.

„Von den feinen Manieren der Hirten auf dem Felde hab ich noch nie was in der Bibel gelesen. Und frisch rasiert waren sie vermutlich auch nicht mehr, als sie bei der Krippe ankamen." Das ist alles, was ihr Vater dazu sagt.

Das Fest im „kleinen" Kreis der Familie beginnt kurz vor Mitternacht. Da sind sich alle schon einig, das dies das schönste Weihnachtsfest war, das sie je hatten.

Und dann ist der große Tag da, der feierliche Moment, in dem Angelika zusammen mit dem Gemeindepfarrer, dem Ostafrika-Referenten der Missionsgesellschaft und ihrem Vater in die Kirche einzieht. Der 30. Januar 1983. Es ist die alte Backsteinkirche in Breklum, in der Angelika – wie alle ihre Geschwister – getauft und konfirmiert worden ist. Den Kirchturm, von dem es jetzt läutet, kennt sie bis in die äußerste Spitze. Sie weiß genau, welche Dächer man von dort oben sehen kann. Und die Bäume drum herum hat sie alle erklettert. Aber jetzt versucht sie möglichst würdevoll in den zwar nicht neuen, aber doch neu mit schwarzer Farbe versehenen Schuhen zu schreiten. (In der Steppe würde sie schwarze Schuhe mit Absatz kaum vermissen, geht ihr durch den Kopf.)

Auch ihr Großvater ist wohl so durch diesen Mittelgang geschritten, denn er wurde von dieser Kirche aus nach Indien gesandt.

Angelikas Vater hält selbst den Gottesdienst. Und es ist ihr Konfirmationsspruch, den er seiner Tochter für ihr großes Vorhaben mit auf den Weg gibt: „Ich will dich unterweisen und dir den Weg zeigen, den du gehen sollst. Ich will dich mit meinen Augen leiten." Angelika freut sich; diesen Vers hat sie sich schon oft ins Gedächtnis gerufen.

Der Vertreter der lutherischen Missionsgesellschaft tritt ans Pult: „Die Synode erwartet, dass die Mitarbeiterin für den ‚Gesundheitsdienst auf Rädern' als christliche Missionarin kommt und dass sie unter den Massai nicht nur eine fachgerechte medizinische Behandlung anbietet, sondern in allem, was sie tut, den Geist christlichen Zeugnisses und der Evangeliumsverkündigung spürbar werden lässt. Die Arusha-Synode wird ihr deshalb neben einem Fahrer für den Klinikwagen auch einen Evangelisten zur Seite geben." Angelika atmet auf. Sie hatte am Anfang des langen Satzes schon gedacht, ihr würde heute eröffnet, dass sie auch predigen solle – ohne jede theologische Ausbildung und in einer fremden Sprache. Die Sache mit dem Evangelisten und dem Klinikwagen hört sich dagegen gut an. Da erwartet sie ja ein schönes Begrüßungsgeschenk!

In einem feierlichen Akt bekommt sie nun ihr Flugticket überreicht: Hamburg – Amsterdam – Kilimanjaro Airport, 11. Februar 1983. Einfache Strecke.

Lieder, Segenswünsche und eine lange Reihe von Grußworten ziehen an Angelika im Laufe des weiteren Tages vorbei. Sie freut sich, aber sie ist in Gedanken schon halb in Afrika. Im Geländewagen zu sitzen und durch die Steppe zu brettern, statt in Feiertagskleidern in einem Gemeindehaus Kaffee zu trinken, wäre auch nicht schlecht.

Eine Freundin von der Hebammenschule umarmt sie zum Abschied und flüstert ihr zu: „Jetzt kannst du deinen Tarzan ausleben – viel Spaß!"

3
Afrika für Anfänger

Morogoro, den 9. April 1983

Liebe Freunde!

Endlich lasse ich von mir hören. Es wird jetzt auch wirklich Zeit, und ihr habt ein Recht darauf zu erfahren, wie es mir bisher ergangen ist.

Gerade ist das Osterfest vorübergegangen. Aber wir feiern ja Jesu Auferstehung nicht nur an einem Wochenende im Jahr, sondern täglich. Das ist so frohmachend und lebenserneuernd, dass ich es nur jedem von euch wünschen kann!

Jetzt bin ich knapp zwei Monate in Afrika, und es kommt mir vor, als wären es schon Jahre. Ist es wirklich erst acht Wochen her, dass meine Eltern mich am Samstagmorgen zum Hamburger Flughafen brachten? Vier meiner Geschwister standen auf dem Adelbyer Hofplatz, hatten eine Fahne an den Blitzableiter gehängt und bliesen mir ein Abschiedsständchen auf den Posaunen. Weil die Zeit knapp war, verlief der Abschied kurz und schmerzlos. Auch am Flughafen war keine Zeit zu verlieren, so dass wir nicht dazu kamen, Tränen zu vergießen. Im Flugzeug packte mich dann – ich muss es gestehen – die Freude und Neugier auf all das Unbekannte, das mich erwartete. Es war ein Nachtflug, und am nächsten Morgen, am Sonntag um 8 Uhr, landeten wir auf dem Kilimanjaro Airport. Dort wurde ich von einem Mitarbeiter der Arusha Synode im Landrover abgeholt. Während der Fahrt sperrte ich die Augen auf, denn alles war sooo neu und fremd.

Die erste Woche verbrachte ich in Arusha in einem Hotel, denn der Kulturschock hatte sich gleich in Form eines Mageninfekts eingestellt.

Als ich mich erholt hatte, wurde ich von zwei Afrikanern im Kombi nach Morogoro gebracht. Es war eine abenteuerliche Fahrt von morgens 8 Uhr bis nachts 0.30 Uhr. Ich genoss jeden Kilometer. Unterwegs bekam ich verschiedenste Eindrücke von Tansania, seinen Bewohnern und ihrer Lebensweise. Natürlich hielt ich eifrig Ausschau nach Massai und ihren Viehherden. Aber ich bekam sie nur aus der Ferne zu sehen.

Hier in der Sprachschule erhielt ich in der ersten Woche Privatunterricht, um den Stoff, den ich verpasst hatte, nachzuholen. Unsere Schule ist dem Lutheran Junior Seminary angeschlossen und liegt mitten in der Landschaft am Fuße der Uluguru-Berge östlich von Morogoro. Da für mich kein Zimmer in der Schule mehr frei war, bekam ich eine Unterkunft im Haus einer jungen amerikanischen Lehrerin am Rande der Siedlung. Täglich mache ich einen schönen Spaziergang (zur Schule und zu den Mahlzeiten) zwischen riesigen Bananenstauden hindurch. Abends benutze ich meine Taschenlampe wegen der gefürchteten Schlangen, auf die ich natürlich nicht treten will. Bisher musste ich jedoch nur Unmengen von Kröten und Schnecken aus dem Weg gehen.

Ich darf das ganze Haus mit Mary, der Lehrerin, teilen. Dieser Vorteil ist nicht zu unterschätzen, besonders betreffs der Küchen- und Kühlschrankbenutzung! Wir beide werden von einem riesigen Hund bewacht. Er hat mich gleich anerkannt und Verantwortung für mich übernommen. Unsere Klasse besteht aus Skandinaviern, Amerikanern, Deutschen und einem Philippiner (Pastoren, Ärzte, Schwestern, Lehrer, Diakone). Wir sind 40 Erwachsene und 21 Kinder und zwischen 1 und 45 Jahre alt. Nach dem Unterricht teilen wir uns in Dreiergruppen auf. Jede Gruppe erhält einen afrikanischen Informanten. Mühsam versuchen wir, ihm die Wörter und Sätze nachzusprechen und grammatische Übungen zu machen.

Als Klingelzeichen dient eine große Trommel. Ihr dumpfer Klang wird von uns immer herbeigesehnt und bedeutet entweder Kaffee- oder Mittagspause.

Inzwischen habe ich schon viele liebe Briefe bekommen. Post bedeutet hier viel mehr als zu Hause. Jeder Brief wird viele Male durchgelesen. Das machen wir hier alle so, haben wir festgestellt. Wenn der Postsack eintrifft, stürzen wir uns immer auf ihn wie die Hühner aufs Futter, in der Hoffnung, dass ein Brief für uns abfällt.

Damit ihr seht, dass ich schon was gelernt habe, füge ich einen verspäteten Ostergruß auf Kisuaheli an:

Kifo, ushindi wako uko wapi?
Uwezo wako wa kuumiza uko wapi?
Lakini tumshukuru Mungu anayetupatia
ushindi kwa njia ya Bwana wetu Yesu Kristo.

Tod, wo ist dein Stachel?
Hölle, wo ist dein Sieg?
Gott aber sei Dank,
der uns den Sieg gibt durch unseren Herrn Jesus Christus!

Eure Angelika

Nach diesem Brief dauert es „nur“ noch vier Monate, und Angelikas Seegepäck steht abholbereit im Hafen von Daressalam. Die Kisten sind zwar ganz offensichtlich aufgebrochen worden, aber es fehlt nichts. Ein Glück und ein Segen!, denkt Angelika und lädt alles in den VW-Bus, den sie sich privat beschafft hat – vom Dienst-Geländewagen gibt es immer noch keine Spur. Von Daressalam bis Oldonyo Sambu, wo sie inzwischen wohnt, sind es nur 700 Kilometer und etwa vierzehn Stunden Fahrt, weil hier eine der drei großen asphaltierten Straßen des Landes verläuft. Angelika könnte also schon bald wieder zu Hause sein – wenn es da nicht seit einigen Wochen ein Problem gäbe: In ganz Tansania fehlt Diesel.

Dass ihr VW-Bus gar nicht mit Diesel, sondern mit Benzin fährt, hilft ihr da wenig, denn die Tanklastzüge, die das Benzin transportieren, brauchen Diesel. Wenn dann doch einmal ein Tanklastzug an einer Tankstelle auftaucht, bilden sich Reihen mit Hunderten von Autos und verstopfen von beiden Seiten die Durchfahrt. Und wer endlich „dran" ist, füllt nicht nur den eigenen Tank, sondern so viele Kanister, wie er auftreiben kann. Oft kommt es zu Schlägereien, wenn einer dem anderen den Zapfhahn aus der Hand reißt. Der Schwarzmarkt blüht.

Eine blonde junge Frau ohne Afrikaerfahrung sollte sich von solchen Szenen wohl lieber fern halten. Aber Angelika *muss* irgendwie an Benzin kommen. Schlagen wird sie sich nicht, das ist klar. Sie ist ja nicht mehr in Breklum und zehn Jahre alt. „Vitamin B", Beziehungen, hat sie noch keine, also kann sie nur auf geduldiges Warten setzen.

Drei Tage verbringt Angelika im Auto vor einer Tankstelle. Zum Glück ist der Bus mit allerhand Campingeinrichtung ausgerüstet, so dass sie das Leben dort nach einiger Zeit eigentlich ganz gemütlich findet. Schon zwei Mal ist ein Tanklastzug gekommen und hat Treibstoff gebracht, aber Angelika hatte keine Chance, bis zur Tanksäule vorzudringen. Jetzt sieht sie aus dem Fenster, dass sich draußen wieder eine Menschentraube bildet. Sie schnappt sofort ihren 60-Liter-Kanister und stellt sich dazu, betet, wartet – und merkt plötzlich, wie sich vor ihr wie von unsichtbarer Hand befohlen ein Spalt in der Menge bildet.

Ohne zu wissen, wie sie dahin gekommen ist, steht sie vor dem Zapfhahn, der Tankwart schraubt den Deckel von ihrem Kanister, niemand protestiert. Haben alle plötzlich Mitleid mit der jungen weißen Frau? Während der Kanister gefüllt wird, fällt Angelika mit Schrecken ein, dass ihr Geld sicherlich nicht für 60 Liter reicht. Sie kramt aus den verschiedenen Taschen alle Scheine und Münzen, die sie bei sich trägt, und zählt: Es sind 910 Tansanische Schillinge.

„Shiling ngapi? – Wie viel macht das?“, fragt sie ängstlich, als der Tankwart den Zapfhahn einhängt.

„910 Schilling“, antwortet er und hält die Hand auf.

Angelika kommen fast die Tränen vor Erleichterung. „Danke, tausend Dank!“, murmelt sie, während sie den Kanister durch die Menge bugsiert. Und weiß dabei selbst nicht, ob sie den Tankwart, die wartende Menge oder Gott meint.

Oldonyo Sambu ist Angelikas neues Zuhause. Besser gesagt: einer ihrer drei neuen Haupt-Aufenthaltsorte. Von einem Zuhause zu sprechen, wäre in allen Fällen wohl noch zu viel gesagt. Der kleine Ort liegt am Nordhang des Meru. Das ist der „kleine Bruder“ des Kilimandscharo, aber immerhin 4630 Meter hoch. Die Gästehäuser und ein Seminargebäude, die die lutherische Kirche hier besitzt, stehen auf einem Grundstück, das wegen seiner Bäume und blühenden Büsche in der trockenen Landschaft von ferne wie eine Oase aussieht. Hier hat Angelika viel Platz.

Das ist aber auch schon alles, denn das Gelände wird nur bewirtschaftet und mit Strom versorgt, wenn Seminare stattfinden. Und das war schon eine Weile nicht mehr der Fall. Ein Gasherd soll die stromlose Zeit überbrücken helfen, aber leider fehlt es auch an Gas. Egal. Angelika freundet sich mit einigen Afrikanern an, die wie sie auf dem Gelände wohnen, und gemeinsam kochen sie abends auf einer offenen Feuerstelle.

Da die Tansanier kein Englisch sprechen, kann sie gleich ihre neu erworbenen Kisuaheli-Kenntnisse ausprobieren – es werden lustige Abende. „Wir hatten eine Zwillingsschwangerschaft“, erzählt Angelika von ihrer Arbeit. „Mimba ya mapacha.“ Die Afrikaner hören überhaupt nicht mehr auf zu lachen. Bis Angelika versteht, dass sie „Pfannkuchenschwangerschaft“ gesagt hat: „Mimba ya chapati.“ „Nimeelewa! – Ich habe verstanden!“, will sie ihnen schließlich klar machen, aber sie sagt:

„Nimelewa – Ich bin betrunken." Einige Vokabeln wird sie immer mit den Abenden in Oldonyo Sambu verbinden.

Der zweite Ort, der für Angelika jetzt wichtig ist, heißt Selian Lutheran Hospital. Als sie das erste Mal aus Arusha hinausfährt und in den holprigen Weg einbiegt, der zum Krankenhaus führen soll, glaubt sie, sie hätte sich geirrt. Kann es wahr sein, dass auf dieser halb zugewachsenen Piste Kranke transportiert werden? Die Fahrt ist mühsam, ständig verstopfen Kuh- und Ziegenherden den Weg, doch nachdem sie ein kleines Dorf durchquert hat, endet er tatsächlich auf einem Kirchen- und Krankenhausgelände. Was für ein schönes Bild!, ist ihr erster Gedanke. Geradezu idyllisch. Auf dem Rasen rund um die einstöckigen Gebäude lagern Patienten, die auf eine Behandlung warten, Angehörige, die Mahlzeiten vorbereiten, und ganze Familien, die sich darüber freuen, dass es hier fließendes Wasser gibt, von dem sie reichlich Gebrauch machen können. Dazwischen laufen Hühner kreuz und quer, überall fällt ein bisschen was für sie ab.

Auch das Innere des Krankenhauses wirkt sehr freundlich. Nur eins ist äußerst unpraktisch: Es gibt keinen Strom, noch nicht einmal einen Generator. Angelika staunt, was man alles ohne Strom, nämlich auf traditionell afrikanische Art und mit einigem Improvisationstalent bewältigen kann. Die Instrumente für kleinere Eingriffe werden zum Beispiel auf einem Holzkohlenfeuer ausgekocht.

Heute findet hier ein Seminar für Dorfgesundheitshelfer statt, an dem sie teilnehmen soll. Unterrichtssprache ist Kisuaheli, weshalb Angelika längst nicht alles versteht, manches nur errät und sich auf anderes überhaupt keinen Reim machen kann. Kann es wahr sein, dass das Selian Hospital gegründet wurde, weil andere Krankenhäuser es ablehnten, „diese dreckigen, unterentwickelten Massai" zu behandeln? Und warum gibt es in der Massaisteppe, die immerhin so groß wie Bayern ist, bisher offensichtlich nur sieben Stellen, an denen Medikamente verteilt werden? Das hört sich nach sehr viel Arbeit an …

Dr. Nangawe heißt der afrikanische Arzt, der Angelika zusammen mit den schwarzen Helferinnen und Helfern schult. Er ist Chagga, also kein Massai, aber weil er in Arusha aufgewachsen ist, spricht er dennoch Kimassai. Unter seiner Leitung wird Angelika auch ihren ersten Steppen-Einsatz machen. Endlich!, möchte sie am liebsten rufen. Jetzt beginnt das richtige Wildlife! Auf diesen Tag hat sie so lange gewartet. Schluss mit den endlosen Vorbereitungen, Seminaren, Workshops, Kursen und Vertiefungs-Wochenenden! Jetzt geht es richtig los!

Aber noch rollt das Auto nicht. Denn vor dem Selian-Krankenhaus, dem Ausgangspunkt aller Steppen-Safaris, wird erst einmal gepackt: Wassertanks, Benzinkanister, Verpflegung, Kochgeschirr, Zelte, Schlafsäcke, persönliches Gepäck der fünf Mitreisenden, eine Kühltasche mit Impfserum und Medikamenten, eine große Werkzeugkiste – alles wird in und auf den Landrover gepackt. Zwei riesige Ersatzreifen sind sowieso schon dabei. Und wo, bitte schön, soll jetzt hier noch jemand sitzen? Irgendwie sind sie eine Stunde später dann doch alle im Auto, und die Türen schließen sogar. Sitayo, der „Driver“, betet laut für Bewahrung auf der Fahrt, bevor er den Motor startet. Angelika entfährt seufzend ein kräftiges „Amen!“

Nach sechzig Kilometern Richtung Nairobi biegt Sitayo plötzlich links ab, dabei ist hier weit und breit kein Hinweisschild zu sehen. Ist das eine Straße? Da vorne sind Reifenspuren zu sehen, und der Bewuchs ist weniger stark als anderswo. Aber Sitayo fährt seelenruhig und ohne die Schlaglöcher zu scheuen geradeaus, so dass alle sich schon nach fünf Minuten kräftig durchgeschüttelt fühlen. Am liebsten würde die wilde Heilige Sitayo mal am Steuer ablösen, aber sie traut sich nicht zu fragen.

Wenn sie die Fenster schließen würde, käme weniger von dem Staub herein, den das Auto aufwirbelt. Aber es könnte auch weniger von dem Staub, der durch die Ritzen im Unterboden nach oben dringt, wieder heraustreten. Also lässt sie es offen und hält sich eine Kanga, eine Art afrikanisches Allzwecktuch vors Gesicht, das als Babytragetuch, Tischdecke, Wandschmuck oder eben „Staublappen“ zu gebrauchen ist.

Als es durch ein tiefes, ausgetrocknetes Flussbett geht, müssen alle aussteigen und schieben. Danach sind sie vom Kopf bis zu den Füßen einheitlich rot-gelb gepudert und husten um die Wette. „Namna gani? – Geht's?“, fragt Dr. Nangawe und schaut Angelika ein bisschen besorgt an. Aber die strahlt. „Nzuri sana! – Sehr gut!“ Und das ist kein bisschen geheuchelt. Das Leben hier fängt wirklich an, Spaß zu machen!

Eine Zebraherde überquert die Piste, aber Angelika hat inzwischen schon so viele von ihnen gesehen, dass sie nur noch kurz aufschaut. Giraffen dagegen faszinieren sie nach wie vor. Einerseits wirken sie wegen ihrer buchstäblich überragenden Größe majestätisch, andererseits sehen sie unproportioniert und irgendwie witzig aus, vor allem wenn sie sich in Trab setzen, weil der Landrover ihnen zu nahe kommt. Eine rennende Giraffe von hinten ist einfach zum Schieflachen.

Nach ein paar Stunden sind sie für heute am Ziel. Als Erstes wird die Zeltausrüstung ausgepackt und durch Klopfen und Schütteln von Staub befreit. Während die einen die Zelte aufbauen, richten die anderen die „Küche“ ein: drei sternförmig gelegte Steine bilden den Herd, alle verfügbaren Kanister werden als Sitzgelegenheiten im Kreis darum gestellt – fertig. Auf dem Speiseplan steht (wie für alle folgenden Tage) „Steppensuppe“: Tomaten, Paprika, Karotten, Erdnüsse, einfach alles, was die Vorratskiste hergibt, dazu Ugali, eine Art Maisbrei. Angelika übernimmt es, das Feuer zu überwachen. Es brennt prima, die Suppe kocht fast über – wie kann man diesen Herd bloß „kleinstellen“?

„Du darfst nicht zu stark anfeuern, auch nicht, wenn der Topf so groß ist wie dieser“, sagt Elly. „Nimm dir Zeit. Auch auf einem kleinen Feuer wird die Suppe irgendwann gar. Pole, pole.“

Pole, pole. Ganz langsam. Nur ruhig. Nichts überstürzen. Das war bis jetzt nicht gerade ihr Lebensmotto. Arbeite zügig, pünktlich, effektiv. Nutze deine Zeit. Das waren die unausgesprochenen Leitlinien ihrer Ausbildung. „Ihr habt die Uhren, wir haben die Zeit“, sagen die Afrikaner. Und haben sie nicht Recht?

Zwei kleine Jungen aus einem benachbarten Boma haben das Aufbauen der Zelte beobachtet. Dann haben sich eine alte und drei jüngere Frauen zu Angelika und dem Team gesellt, um ihnen beim Kochen zuzusehen. Bis alle Reisenden auf den Kanistern sitzen und die Suppe aus Plastiktellern löffeln, sind sie bereits von einem ganzen Dorf umringt. Nur junge Männer fehlen. Die sind mit den Herden unterwegs. Dr. Nangawe und sein Team waren schon einmal hier. Sie werden freudig begrüßt und ausführlich nach Neuigkeiten aus der Stadt befragt. Aber wer ist diese Mzungu-Frau? Zwei kleine Kinder sind bei ihrem Anblick schreiend weggelaufen. „Ein Tier! Ein wildes Tier!“, haben sie weinend gerufen. Andere verstecken ihr Gesicht hinter den Tüchern ihrer Mütter. Sie haben noch nie Weiße gesehen. Angelika hat zwar gelesen, dass dieser Teil Tansanias wegen des kriegerischen Rufs der Massai von Fremden schon seit der Kolonialzeit möglichst gemieden wurde, aber dass weiße Haut hier auch im Jahr 1983 noch Verwirrung und Schrecken auslösen kann, hätte sie nicht gedacht. Und erst ihre langen blonden Haare! Nur ein paar ganz Mutige, Kinder wie Erwachsene, wagen nach einer Weile, einige Schritte vorzutreten und sie ganz vorsichtig zu berühren.

„Angelika ist in die Steppe gekommen, um zu sehen, was

eine mobile Klinik ist", erklärt Dr. Nangawe, als er fertig gegessen hat. „Sie weiß, wie man Krankheiten bekämpft, und sie hat auch schon vielen Babys geholfen, auf die Welt zu kommen. Die nächste Safari wird sie bereits ohne mich machen – in die Südsteppe. Mrutu wird sie begleiten. Aber jetzt kommen wir erst mal mit euch, um zu sehen, wie es euren Kranken geht."

Der Nachmittag im Boma vergeht wie im Flug. Malaria, entzündete Augen, Trachome, eiternde Brandwunden, wegen Wurmbefall geschwollene Bäuche, Durchfall, grauer Star, grüner Star – das sind die Krankheiten, unter denen die Massai leiden. Dr. Nangawe übersetzt von Kimassai in Kisuaheli, und Angelika übersetzt in ihrem Kopf alles noch einmal ins Deutsche. Weil die Geschichten, die die Patienten erzählen, sich ähneln, geht das bald schon ganz gut. *Lairobi* heißt Fieber mit Schüttelfrost, das kann Angelika sich gut merken: Nairobi heißt *Kälte*.

Als sie zu ihrem „Campingplatz" zurückkehren, schwirrt Angelika dennoch der Kopf. Während die zweite Steppensuppe des Tages gekocht und gegessen wird, kann sie all ihre Fragen bei Dr. Nangawe loswerden.

„Warum bauen die Massai so schrecklich niedrige Hütten?"

„Sie waren Jahrhunderte lang Nomaden. Und viele von ihnen sind es auch heute noch. Wer beim Bau der Hütte schon ans Weiterziehen denkt, vermeidet alles, was zu große Mühe macht. Die Hütten sind so hoch, wie die Arme der Frauen, die sie bauen, reichen. Leitern oder irgendeine Art von Gerüst kennen sie nicht. Das Körpermaß bestimmt das Maß der Hütte. So einfach ist das."

„Und was ist, wenn die Familie wächst und mehr Platz braucht?"

„Eine große Familie hat nicht größere Hütten, sondern mehr Hütten. Jede Frau hat ihre eigene Hütte, in der sie mit ihren Kindern schläft. Der Mann hat keine eigene Hütte, sondern übernachtet mal bei der einen, mal bei der anderen Frau. Außerdem bleiben die Kinder ja nicht so lange bei der Familie wie bei euch in Europa. Die Mädchen werden früh verheiratet und ziehen in eine eigene Hütte. Und die Jungen wohnen, wenn sie Jugendliche sind, mit anderen jungen Männern zusammen außerhalb des Bomas. – Ist die Suppe nicht schon fertig?“ Dr. Nangawe nimmt sich einen Teller.

„Gleich. Pole, pole.“ Angelika lächelt. „Ich hab noch eine Frage: Hab ich die Toiletten übersehen?“

„Es gibt keine. Die Männer behaupten, dass sie solche Bedürfnisse gar nicht kennen. Und für die Frauen und Kinder, meinen sie, lohnt die Mühe nicht. Die Steppe ist ja groß. Aber da hast du gleich schon ein wichtiges Thema für deine gesundheitliche Aufklärung. Die Übertragung von Krankheiten durch die Fliegen ließe sich natürlich viel besser eindämmen, wenn jedes Boma Plumpsklos hätte. Außerdem ist es ja nicht ungefährlich, die Dorneneinzäunung zu verlassen und sich ein einsames Plätzchen zu suchen. Vor allem nachts.“

„Und wie ist das mit dem Schmuck? Tragen Männer und Frauen tatsächlich die gleichen Ketten und Ohrringe?“

„Die Arm- und Beinketten kann man wirklich kaum unterscheiden, aber die schönen großen Halsperlenreifen tragen nur die Frauen.“

„Nur noch eine Frage: Wie schafft es ein Mensch, so große Löcher in seine Ohren zu bohren?“

Dr. Nangawe lacht. „Na, den Anfang kennt ihr in Europa doch auch: Erst wird mit einem spitzen Gegenstand ein kleines Loch durch das Ohrläppchen gestoßen. Das hält man offen, indem man ein ganz dünnes Stückchen Holz nimmt, das man nach einer Weile durch ein dickeres ersetzt, dann ein noch dickeres … und so weiter. Wenn das Loch schon ziemlich groß ist, kann man einen Korken nehmen, wenn man einen hat. Der wiegt weniger als das Holz und ist deshalb angenehmer zu tragen. Und irgendwann bleiben die Löcher von selbst offen.

Wenn es schnell gehen soll, wird auch schon mal gleich ein großes Loch ins Ohrläppchen geschnitten. Ob du's glaubst oder nicht: Mit Ohren voller Löcher hört man schlechter. Die Ohrmuschel hat nämlich ihren Sinn. Aber Schönheit geht natürlich vor. Oder würdet ihr in Deutschland auf schicke Schuhe verzichten, nur weil Barfußlaufen gesünder ist?"

Angelika lacht. „Bei mir zu Hause ist es in elf von zwölf Monaten zum Barfußlaufen zu kalt."

„Ihr Armen! Wie hast du das nur 27 Jahre lang ausgehalten? – Karibu, Sister!"

Es ist stockdunkel. Das Geschirrspülen muss auf morgen verschoben werden. Und auch den Plan, im Schein des Mondlichts etwas vom Wasservorrat abzuzweigen, die rotgefärbte Kleidung ein paar Schritte abseits vom Lager auszuziehen und endlich den Staub abzuwaschen, gibt Angelika gleich wieder auf. Der Geländewagen und die Zelte sind von Massaimännern umstellt – in allerbester Absicht. Die stolzen Krieger haben sich vorgenommen, die ganze Nacht Wache zu halten. Stehend oder in der Hocke, den Speer immer bereit.

Lieber dreckig und beschützt schlafen, als sauber vom Löwen gefressen werden. Angelika kriecht, so wie sie ist, ins Zelt. Tastend kramt sie das Losungsbuch aus ihrem Rucksack. Im Schein der Taschenlampe liest sie den alttestamentlichen Vers für den vergangenen Tag: „Wessen Zuversicht der Herr ist, der ist wie ein Baum, am Wasser gepflanzt, der seine Wurzeln zum Bach hin streckt … und er sorgt sich nicht, wenn ein dürres Jahr kommt" (Jeremia 17,7-8). Das kann nur jemand geschrieben haben, der die Steppe kennt!

Am zweiten Tag der „Einführungsreise" geht es in einen richtigen kleinen Ort, in dem es sogar einige Häuser aus gebrannten Ziegeln und eine Art Tante-Emma-Laden gibt. Tee und

Reis, Streichhölzer und Zucker, Massaitücher, Gläser für Kerosinlampen, Stangenseife und Stahlwolle, um Töpfe zu scheuern, kann man hier kaufen. Die Nachricht, dass Dr. Nangawe mit einer Mzungu-Frau angereist kommt, hat sich bereits verbreitet, bevor der Wagen das Dorf erreicht. Per Buschfunk. Wie der so schnell funktioniert, ist Angelika allerdings noch schleierhaft.

Einige Frauen haben schon begonnen, das „Hospital" aufzubauen: Zwei Kuhhäute liegen auf dem Boden, hier sollen die Schwangeren untersucht werden.

Nach der ausführlichen Begrüßung werden die Instrumente auf offenem Feuer ausgekocht und die Medikamente, Spritzen und Kanülen zurechtgelegt. Das macht die wartenden Patienten nicht etwa unruhig und ängstlich, sondern erhöht die frohe Erwartung, die in der Luft liegt. „Ei, ei, ei!", rufen die Frauen, und nun kommen auch Männer herzu, alte und junge, und bestaunen die „Ausstellungsstücke". Gleich wird es losgehen! Wer hat wohl das Glück, eine Spritze zu bekommen?

„Den Sindano – den Spritzen – trauen die Leute hier die größte Heilwirkung zu", erklärt Dr. Nangawe der erstaunt dreinblickenden Sister. „Was soll so eine unscheinbare kleine Tablette, die nach nichts schmeckt, schon bewirken? Ein richtig bitterer Saft ist schon besser. Aber nichts geht über eine Spritze! Das wirst du gleich merken."

Wenn Angelika bis jetzt geglaubt haben sollte, bei beginnender Behandlung würde sich das Publikum dezent zurückziehen und dem einzelnen Patienten ein Minimum an Intimsphäre zugestehen, hat sie sich geirrt. Jetzt wird es doch erst richtig spannend! Alle wollen nah dabei sein und beobachten, wie der Glückliche, der eine Spritze braucht, sich bereit macht, den Atem anhält, dann das Gesicht verzieht und schließlich erleichtert ausatmet und stolz in die Runde blickt. So gebannt sind sie, dass sie ihm alles nachtun und ein Seufzen durch die Runde geht, als er fertig ist. – Der Nächste, bitte!

Viele Stunden sind Dr. Nangawe und die Sister im Einsatz. In den Baum haben sie eine Waage gehängt, um das Gewicht der Babys und Kleinkinder zu prüfen. Die sind oft wohlgenährt, denn sie werden etwa drei Jahre lang gestillt und von den Müttern und größeren Geschwistern herumgetragen. Kritisch ist dagegen der Gesundheitszustand der etwa Vier- bis Zwölfjährigen. Frauen und Kinder essen bei den Massai, wenn die Männer satt sind, jedenfalls wenn es Fleisch gibt. Nur der tägliche Maisbrei wird gerecht verteilt. Auch fünf- und sechsjährige Jungen sind schon den ganzen Tag als Hirten unterwegs, mit nichts als einem Stock, um die Kühe zusammenzuhalten und sich gegen Schlangen zu wehren. Rucksack, Picknickdose und Trinkflasche sind hier unbekannt. Eigentlich dürfen sie unterwegs nicht einmal am Euter einer Kuh oder Ziege trinken, aber sie tun es heimlich doch, wenn der Hunger unerträglich wird.

Die meisten Mädchen sehen ein wenig besser aus. Sie bleiben bei den Müttern und den Alten im Boma und helfen bei der Hausarbeit, beim Melken der Ziegen und beim Wasserholen. Aber auch das sind keine leichten Tätigkeiten. Dazu kommt die vitamin- und mineralstoffarme Nahrung, denn sowohl Obst als auch Gemüse fehlen in der traditionellen Ernährungsweise der Massai.

„Es ist sehr, sehr wichtig, dass dieses Kind viel trinkt!" Angelika betont jedes Wort, und der Übersetzer tut es ihr nach. Die Mutter hält ihr durchfallkrankes Kind auf dem Arm und schaut Angelika mit einem undurchdringlichen Blick an. Hat sie verstanden, was die Sister gesagt hat? Und wenn ja: Wird sie sich daran halten? Wird sie die Geduld haben, diesem Kind immer wieder etwas zu trinken anzubieten, auch wenn es sehr schwach, ja fast apathisch ist? Angelika hat noch so gut wie keine Steppenerfahrung, aber ihr kommen Zweifel, wenn sie in die Runde blickt und all die mageren und völlig verdreckten Kinder sieht, die Gesichter von Fliegen bedeckt.

Es bleibt wenig Zeit zum Nachdenken, denn von allen Seiten

werden Wünsche und Fragen an sie herangetragen. „Kannst du mir eine Spritze geben?“, fragt ein alter Mann, bevor er überhaupt erzählt hat, was ihm fehlt. „Bekomme ich Zwillinge?“, will ein Mädchen wissen, das aussieht, als wäre es höchstens fünfzehn Jahre alt. „Du hast mich noch gar nicht richtig behandelt!“, beschwert sich eine Frau. Es dauert eine Weile, bis Angelika versteht, was die Frau will. Sie hat ihr doch bereits ein Mittel gegen ihre Arthrosebeschwerden im Knie gegeben. Dann geht ihr ein Licht auf: das Stethoskop! Bei einer richtigen Behandlung muss das Stethoskop zum Einsatz kommen. Also hört Angelika die Lunge ab. Aber die Frau ist immer noch nicht zufrieden. Schließlich legt Angelika das beliebte Instrument auch auf den Rücken und in das Kniegelenk der Frau – zufrieden und fröhlich verabschiedet sie sich.

Erst als es schon fast dunkel ist, zerstreut sich die Menge. Das „Klinikteam“ hat Zeit, alles zusammenzuräumen und endlich etwas zu essen und zu trinken.

„Bravo, Sister!“ Dr. Nangawe spart nicht mit Lob. „Ich glaube wirklich, die Massai mögen dich. Irgendwas an dir ist ihnen sympathisch.“

„Und irgendwas an ihnen ist mir sympathisch. Obwohl ich vor Müdigkeit auf der Stelle umfallen könnte.“

„Morgen wird alles ein bisschen leichter, dann kommen wir an den Ruvu. Das wird ‚dein‘ Fluss für die nächste Zeit. Da gibt es weniger Staub und so viel Wasser, wie du dir nur wünschen kannst. Da können wir sogar unsere Kleidung waschen. Der schiere Luxus! Die Krokodile dort fressen nur alle fünf Jahre einen Missionar. Aber blonden Ladys würden sie nie etwas antun …“

4
Die Nomadin

Wer von einem kleinen Flugzeug aus die südliche Massaisteppe von oben betrachtet, sieht eine zweifarbige Welt: Sandfarben erstreckt sich die Steppe, so weit das Auge reicht. Dagegen hebt sich kräftig grün ein Gürtel ab. Hier gibt es also Wasser. So viel, dass Bananenstauden wachsen und Palmen in den Himmel ragen. Der Lebensspender, der diesen Kontrast bewirkt, heißt Ruvu oder Pangani, ein breiter Fluss, dessen grün-braune Flut selbst in der Trockenzeit noch breit und träge dahinfließt. Der Strom ist ein Paradies für Krokodile, sein Ufer ein Spielplatz für grüne Meerkatzen und Flusspferde. Für die Pare und Massai, die oft weite Strecken bis hierher gehen, ist er Viehtränke, „Waschmaschine" und Trinkwasser-Spender. Nicht dass er Trinkwasserqualität im europäischen Sinn hätte, aber es ist Wasser, und man kann es trinken, oder besser: Man muss es trinken, weil es kein anderes gibt.

Sieben Jahre lebt Angelika jetzt schon hier in der Nähe des Ruvu. Kisuaheli ist längst kein Problem mehr. Sie denkt und träumt sogar in dieser Sprache. Dass man die Schuhe, ehe man morgens hineinschlüpft, erst einmal ausschüttelt, ist ihr zur Gewohnheit geworden. Wer will schon von einem Skorpion in den Zeh gestochen werden. Ziegenfleisch, ungewürzt, aber scharf gebraten, ist ihr Lieblingsessen geworden. Ungeheuchelt. Mit Kaffeepulver macht sie das Flusswasser noch brauner, als es ohnehin schon ist – aber auch besser genießbar. Und selbst an etwas weit Ungewöhnlicheres hat Angelika sich gewöhnt: Sie

festlich geschmückte Massaifrauen / Foto: Theo Wohlenberg (TW)

mit dem Geländewagen unterwegs: in der Trockenzeit … / Foto: HS

… und in der Regenzeit / Foto: Frank Boysen

„Langstreckenläufer" in der Steppe / Foto: HS

zu Besuch beim Laiboni / Foto: AW

Angelikas Adoptiv-Vater / Foto: HS

Esther (links) und Angelika / Foto: AW

Ein Viertelliter muss reichen … / Foto: AW

Vorsorgeuntersuchung bei einer Schwangeren / Foto: Tobias Schmid

drei Frauen beim Sehtest / Foto: Frank Boysen

schläft schon seit sieben Jahren nur noch selten in einem Haus oder einer Hütte.

So gut, wie sich alles beim Aussendungs-Gottesdienst der Mission angehört hatte, war es natürlich nicht: kein Auto, kein Fahrer. Und der versprochene Evangelist? Keine Spur! Was sollte sie tun? Gleich wieder abreisen? Empörte Briefe schreiben, auf Vertragserfüllung pochen, eine Frist setzen? Keine sehr afrikanische Lösung! Und keine, die ihr, der Sister, und der Berufung, die sie empfand, entsprochen hätte. Angelika nahm die Sache lieber sportlich und legte sich ein Motorrad und ein Zelt zu. So konnte sie wenigstens schon mal mit der Arbeit anfangen, bis sich Weiteres klären würde.

Auf das erste Jahr „Ruvu-Camping" folgte ein zweites, ein drittes ... Inzwischen liebt Angelika ihr Nomadenleben. Schließlich sind viele der Massai, für die sie hierher gekommen ist, auch Nomaden. Darüber, dass jemand keinen festen Wohnsitz hat, wundern sie sich nicht. Es ist etwas anderes, was sie schier nicht fassen können: Dass eine Frau allein lebt und keine Anstalten macht, endlich zu heiraten. Wenn Angelika mit der „mobilen Klinik" unterwegs ist, wird sie von zwei Kollegen, den Massaimännern Samuel Kivuyu und Martin Saningo, begleitet. Dennoch bleibt Angelika eine Solo-Frau und lebt ein Leben, das es in der Massaisteppe eigentlich gar nicht geben darf. Hat sie denn keinen Vater, der einschreitet? Er hätte sie doch vor Jahren schon längst an einen Ehemann verkaufen müssen! Oder hat er keinen finden können, weil niemand sie nehmen wollte? Noch nicht einmal zu einem wirklich guten Preis? Das wäre allerdings auch vorstellbar. Wer will schon eine Frau, die allein durch die Steppe reist, Hosen trägt, die Reifen des Landcruisers am liebsten selbst wechselt und die vor allem diesen markerschütternden Schrei ausstößt, mit dem ein Krieger Löwen vertreibt?

Mehr als drei Jahre lang haben die Massai Angelika still beobachtet. Was tut sie? Was will sie hier? Was ist das für eine Frau?, haben sie sich gefragt. Und vor allem: Wird sie hier bleiben? Oder wird sie eines Tages so plötzlich verschwinden, wie sie gekommen ist?

Angelika blieb. Und deshalb musste sich schließlich ein Krieger ein Herz fassen und ihr klipp und klar sagen, dass es so nicht weitergehen konnte.

„Sister", kam er nach einer langen Einleitung endlich zur Sache, „du kannst nicht als Frau bei uns in der Steppe bleiben, wenn du keinen Mann hast. Wer passt auf dich auf? Wer ist für dich zuständig? Wer verteidigt dich, wenn du angegriffen wirst?"

„Loserian, ich freue mich, dass du dir wegen mir Sorgen machst", war Angelikas entschlossene Antwort. „Aber Gott passt auf mich auf. Ich habe keine Angst, und ich möchte gerne weiter als Frau allein bei euch leben. Ich fürchte nur Gott – und verheiratet zu werden!"

Diesem Gespräch folgten noch viele weitere. Angelika freute sich darüber, denn das lange Hin-und-her-Überlegen war ein Zeichen dafür, dass die Massai sie unbedingt bei sich behalten wollten. Und eines Tages war die Lösung gefunden:

„Orbargwa Alpagwa hat angeboten, dich zu adoptieren. Er wohnt in einem sehr großen Boma, nicht weit von hier, bei den Pare-Bergen. Zwölf Frauen hat er und 57 Kinder. Er ist nicht nur sehr wohlhabend, er hat auch ein großes Herz: Er will dich als sein Kind annehmen."

Seitdem ist Angelikas rechtlicher Status geklärt. Sie ist die dreiundzwanzigste Tochter eines einflussreichen Massaikriegers. Sie gehört zu einem bedeutenden Klan der Südsteppe. Niemand würde es wagen, ihr in böser Absicht zu nahe zu treten. Jedenfalls kein Massai.

Auch Angelika hat erst einmal Jahre lang beobachtet, zugehört und viel Neues gelernt. Warum zum Beispiel heißen die Krieger Krieger? – Weil Engai sie dazu bestimmt hat, Rinder zu hüten, zu züchten und anderen Stämmen abzujagen. Sie verteidigen das Erbe der Massai. Dass ein Mann „stolzer Krieger“ genannt wird, ist kein besonderes Lob, sondern eher so etwas wie eine Berufsbezeichnung. Bis zur Beschneidung mit etwa fünfzehn Jahren ist er ein Kind. Dann wird er ein „junger Krieger“, das heißt er trägt schon eine Mitverantwortung für die Herde, lebt aber ansonsten ein freies Leben – unverheiratet, aber nahezu unbegrenzt sexuell aktiv und in nur loser Verbindung zur Familie. Mit der Heirat, also mit etwa dreißig Jahren, wird er ein stolzer Krieger, jemand, der nicht nur für das Vieh, sondern auch für seine Frauen und Kinder Verantwortung trägt. Bald wird er ein Ältester sein, der im Boma bleibt, statt mit der Herde zu ziehen. Ein würdiger Alter, auf dessen Wort man hört – wenn er denn mehr als fünfundvierzig Jahre alt werden sollte. Ein Vorrecht, das längst nicht alle haben.

Angelika hat gelernt, den Kriegern mit freundlichem Respekt und den Alten mit Hochachtung zu begegnen. Auch wenn sie sich manchmal ein Lächeln verkneifen muss. Oder einen kritischen Blick. Oder sogar einen Wutanfall. Gründe dafür gäbe es genug: Wenn Samuel und Angelika beim Klinikeinsatz eine Frau untersuchen, gehen die Männer nicht etwa ein paar Meter zur Seite. Nein, sie treten näher hinzu, um alles genau zu beobachten. Die Sister muss sie höflich, aber bestimmt bitten, Abstand zu halten. Schließlich fordern die Männer für sich selbst eine Sprechstunde, zu der Frauen keinen Zutritt haben.

Solch eine Demonstration der Ungleichheit ist eher noch harmlos. Doch wie kann ein Mann seelenruhig im Schatten sitzen, während sein vierjähriges Kind Wasser schleppt? Wie kann er zusehen, wie seine schwangere Frau in der Hitze schuftet, während er mit Freunden stundenlang über „wichtige Dinge“

redet? Manchmal muss Angelika sich zwingen, nicht länger darüber nachzudenken. Sie ist hierher gekommen, um die Massai zu unterstützen, ihnen eine neue Perspektive zu eröffnen, und nicht, um über sie zu urteilen. Schluss, Punkt.

Eine Perspektive, ein „Durchblick" auf etwas Neues – wie sehr die Massai das brauchen, ist ihr vor der Abreise gar nicht klar gewesen. Jeder Massai, der nicht einfach die Augen vor der Wirklichkeit verschließt, weiß, dass seine Art zu leben nicht mehr lange Bestand haben wird. Keiner liest die Berichte von Klimakommissionen in der Zeitung. Und doch können alle mit eigenen Augen beobachten, was der Klimawandel bedeutet: Die Versteppung nimmt zu, das Grün verschwindet, und in der Trockenzeit ist vom „ewigen" Eis auf dem Kilimandscharo nicht mehr viel übrig.

Wo sollen die Kühe in ein paar Jahren noch Futter finden? Wie weit werden die Frauen und Kinder zum Wasser gehen müssen? Die Herden wachsen. Und auch die Familien. Das ist natürlich eigentlich wunderbar und zeigt, dass es gut ist, wenn man seine Kinder impfen lässt und bei Krankheiten Medikamente nimmt. Aber alle diese Kühe, Ziegen und Kinder wollen auch essen und trinken! Vom Staat ist keine Hilfe zu erwarten, der hat ihnen ja sogar noch Land weggenommen. Seit es den Serengeti-Nationalpark gibt, dürfen Massai dort keine Bomas mehr errichten und noch nicht mal ihre Kühe dort weiden lassen. Dabei tun sie den wilden Tieren doch gar nichts, sie essen ja noch nicht einmal Antilopenfleisch!

Und dann ist da dieses neue Problem, das einem noch mehr Angst einjagen kann als alles andere: Es soll seit kurzem eine Krankheit geben, die nicht nur Kinder, Kranke und Alte bedroht, sondern, ganz im Gegenteil, besonders die Jungen und Starken. Das kann man hier in der Massaisteppe kaum glauben, aber in der Stadt sind angeblich schon viele Männer und Frauen gestorben, die noch vor wenigen Jahren kräftig und gesund waren. Nur weil sie sich mit jemandem auf der Kuhhaut vergnügten, der an dieser Krankheit litt. Ein junger Massaikrieger schläft mit so vielen Mädchen, wie er möchte, ob sie verheiratet sind oder nicht, ob sie selbst es wollen oder nicht. Manche haben nur zwei „Freundinnen“, manche zehn, manche aber auch zwanzig, und das nicht nacheinander, sondern zur selben Zeit – nicht auszudenken, wie schnell sich diese Krankheit hier ausbreiten könnte!

Viele Massai wissen, dass sich etwas ändern muss. Mit ihrer Lebensweise passen sie nicht in die moderne Welt. Früher bewies ein Krieger seine Männlichkeit, indem er einen Löwen erlegte. Heute bringt ihm das eine lange Gefängnisstrafe ein. Wenn die Massai nicht einen neuen Weg finden, das Besondere ihrer Kultur zu leben, wird sie wohl bald ausgestorben sein. Auch jetzt gibt es schon Einzelne, die in den Städten leben, aber was hat das noch mit dem schönen, freien Steppenleben zu tun? Manche Männer arbeiten als Nachtwächter bei Leuten, die ein Haus besitzen. Manche Frauen verkaufen den typischen Massaischmuck an Touristen in der Stadt oder an der Küste. Aber das ist doch keine Perspektive für ein ganzes Volk!

Andere Massai glauben, die ganze Geschichte mit der schlimmen Krankheit stimme gar nicht. Die Sister wolle ihnen nur Angst machen und dann von ihrem Jesus erzählen. Dazu passt, dass bis jetzt vor allem Frauen auf sie gehört haben. Denen kann man leichter Angst einflößen. Und außerdem haben sie weniger zu verlieren. Die schöne Zeit der jungen Krieger gibt es für Mädchen nicht. Die werden schon mit vierzehn oder fünfzehn verheiratet, gleich nach der Beschneidung. Kein Wunder, dass sie es gut fänden, wenn sich im Massaileben etwas verändern würde.

In letzter Zeit fangen allerdings auch immer mehr Männer an, auf Angelika zu hören. Einige haben sich sogar von Naputi, dem Pfarrer aus Namalulu, taufen lassen. Die Sister und ihr Team organisieren Seminare, zu denen Männer und Frauen aus vielen Bomas zusammenströmen. Wenn sie spricht, hören alle gespannt zu. Ein Europäer würde sich fragen, ob das hier eine Predigt, ein medizinischer Vortrag oder eine afrikanische „Sendung mit der Maus" ist. Aber am Ruvu kennt man nichts von alledem, und so zählt nur, dass am Ende des Seminars alle ein paar wichtige Dinge verstanden haben.

„Stellt euch einmal einen großen See vor. Er hat herrlich erfrischendes Wasser, und es macht großen Spaß, in ihm zu baden", erzählt die Sister. „Aber eigentlich ist das Baden hier verboten. Die meisten machen es trotzdem. Selbst eine Bestrafung hält sie nicht davon ab. Es macht doch solchen Spaß, nach einem langen Marsch durch die Sonne den Staub abzuwaschen und sich abzukühlen!"

Da Sexualität an diesem Tag Seminarthema ist, ahnen die Zuhörer schon, was gemeint ist, und kichern. Tatsächlich ist Ehebruch auch in der Massaikultur verboten, aber wen stört das schon? Ein Mann, der sich dabei erwischen lässt, zahlt die Strafe in der „Kuhwährung", eine Frau wird ausgepeitscht.

„Doch eines Tages schleicht sich ein Krokodil in den See. Niemand bemerkt seine Anwesenheit. Ab und zu schnappt es sich einen Badenden und zieht ihn unter Wasser, um ihn aufzufressen. Aber sein Hunger wird nicht kleiner, er wird immer größer! Als eines Tages zehn Leute baden gehen, kommen nur sechs wieder aus dem Wasser. Und das nächste Mal schnappt es sich schon acht Leute!"

Angelika schaut in die Gesichter des Publikums. Niemand hier weiß, was ein Virus ist und auf welchen unsichtbaren Wegen sich Krankheiten verbreiten. Aber vielleicht verstehen sie ja doch, wie gefährlich das „Krokodil" ist?

„Da taucht eines Tages jemand auf, der das Krokodil bemerkt hat, und fängt an, die Leute zu warnen. Aber was machen die?

Sie glauben ihm nicht. Warum sollen wir in dem See nicht mehr baden? Unsere Eltern und Großeltern haben hier schon gebadet – warum sollen wir das Vergnügen nicht haben? Das sehen wir nicht ein! Und wo ist das Krokodil überhaupt? Wir haben es noch nie gesehen. Das sind doch alles Lügen! Da gönnt uns jemand unseren Spaß nicht!"

Es ist still, als Angelika erklärt, was die Zuhörer schon ahnen: „Ihr denkt, das ist eine erfundene Geschichte? Nein, es ist eure Situation. Der See ist eure freizügige Art zu leben. Die Leute, die dort baden, seid ihr. Und das Krokodil? Das ist eine neue Krankheit, die es bisher auf dieser Erde noch nicht gegeben hat. Sie ist heimtückisch, weil man sie lange Zeit nicht sieht und fühlt. Und der Mensch, der euch warnen will, das sind wir vom Klinikteam."

Nach dieser Einleitung teilen sich die Zuhörer in Gruppen, in denen sie Genaueres erfahren. Die Jungen sind skeptisch, aber die Älteren sind sehr beunruhigt, setzen sich zusammen und beraten. Wie können wir der jungen Generation helfen? Was können wir tun, damit wir noch Enkelkinder erleben?

Nach dem Gruppengespräch hellt ein gemeinsames Lied die dunklen Gedanken auf:

„Gott wird morgen sein.
Wer kann sich ein Bild von Gott machen?
Er hat keinen Körper.
Er ist wie ein Wort, das aus deinem Mund kommt.
Er ist das Wort!
Er ist vergangen, aber er lebt weiter.
So ist Gott."

Nicht nur was gesungen wird, ist angesichts des ernsten Seminarthemas Grund zur Freude – dass überhaupt gesungen wird, ist etwas ganz Besonderes. Die traditionelle Massaikultur kennt nur Gesänge, in denen ein europäisches Ohr keine Melodie hört. Sie kennt Tanz und die berühmten meterhohen Sprünge der

Krieger. Das melodiöse und mehrstimmige Singen ist etwas völlig Neues, das erst mit dem christlichen Glauben die Steppe erreicht hat. Der Text und die Melodie dieses Liedes stammen von Massai, die erst vor kurzem Christen geworden sind. Mit dem Kirchengesang in Europa hat das Singen der Massaichristen dennoch wenig gemeinsam: Die ständige Wiederholung der kurzen Strophe macht das Gesangbuch überflüssig, statt der Orgelbegleitung werden eine zweite und dritte Stimme zur Melodiestimme improvisiert, und wer nicht singen kann, der tanzt.

Für heute ist das Seminar beendet. Einige Frauen haben schon angefangen, Feuer zu machen und Bananen zu kochen, während andere immer noch weitersingen. Morgen will Angelika ein paar Patienten untersuchen, für die sie heute keine Zeit mehr hatte, dann geht es weiter. Sie ist k.o., aber sie setzt sich ins Zelt und schreibt im Schein der Taschenlampe noch einen Brief, während draußen die Mücken summen. Morgen bietet sich die gute Gelegenheit, ihn einem Seminarteilnehmer mitzugeben, der nach Arusha reist. Die Steppenpost kommt ja nicht alle Tage vorbei …

17. Februar 1990

Liebe Freunde!

Ein anstrengender Einsatz am Ruvu geht zu Ende. Es war diesmal eine besondere Nervenprobe: die Hitze, Durst bis zur Austrocknung, eine Floh- und Mückenplage …

Viermal im Jahr führen wir jetzt ein evangelistisches Seminar durch, und ich bin mir trotz aller Arbeit, die das bedeutet, sicher: Nur das „bringt's". Wenn die Leute nicht wissen, dass Gott sie liebt, dass jedes Leben in seinen Augen wertvoll ist, dass er selbst es erschaffen hat, dass seine Liebe in Jesus „handgreiflich" geworden ist – wofür sollen sie ihre Kinder impfen lassen? Wofür sollen sie sich um Alte und Behinderte kümmern? Sie wissen es nicht. Und sie tun es ja auch nicht. Die,

die Christen werden, setzen da wirklich wichtige Zeichen und verändern selbst das Leben derer, die noch nicht so weit sind.

Diesmal waren wir 14 Tage an einem Ort, und die Massai strömten von überall her hinzu. Sogar Gäste aus Malambo in der Nordsteppe waren dabei – sie wurden buchstäblich eingeflogen!

Aber jetzt der Reihe nach: Als wir müde und verstaubt ankamen, war der Wagen sofort von Kindern umringt. Sie wollten uns beim Auspacken der Zelte helfen und waren ständig im Weg. Nachdem das Camp eingerichtet, ein Feuer entzündet und der Kühlschrank für die Schutzimpfungen in Gang gebracht war, wollten wir uns in den Campingstühlen entspannen. Das war aber gar nicht so einfach. Die Kinder belagerten uns, öffneten meine Haarspange, zogen an meiner Nase und zupften an den Ohren … Doch plötzlich verschwanden sie alle – ein Zeichen, dass mein Massaivater sich dem Camp näherte. Die Kinder haben großen Respekt vor meinem Vater und wissen, dass er ihre Gegenwart bei uns nicht duldet. Er brachte uns Milch in einer Kalebasse.

Am nächsten Morgen wurde der „Airstrip" (die Landepiste) gesäubert. Er war lange nicht benutzt worden und deshalb ziemlich zugewachsen. Einige Männer fällten einen dicken Dornbusch, hängten ihn an den Lorry von meinem Vater und fuhren mehrmals über den Airstrip. Er wurde richtig freigefegt.

Als das Flugzeug kam, konnte es ohne Probleme landen – wir hatten Toilettenpapier als Windfahne ausgehängt. Die sechs angereisten Gäste (mehr passten nicht in die kleine Cessna) mussten von uns mitversorgt werden, aber mein Vater hatte drei Kühe geschlachtet (nicht extra für uns, sondern für eine bevorstehende Beschneidungsfeier), von denen wir etwas haben durften. Für Fleisch und Milch war also gesorgt.

Eigentlich wollten wir die Patienten erst nach dem Seminar untersuchen, aber ich wurde gleich zu Beginn zu einem Notfall gerufen. Zehn Minuten von hier entfernt lag eine Frau in einer halbfertigen Hütte auf dem Boden, unter sich die blutige Kuhhaut. Sie war von etwa 15 Frauen umringt. Nachts hatte sie einen gesunden Jungen entbunden, aber viel Blut verloren. Und die Blutungen hatten immer noch nicht aufgehört. Der Blutdruck war normal, der Uterus gut kontrahiert, die Frau hatte kein Fieber, war aber sehr blass. Ich gab ihr Medikamente und wir beteten zusammen. Dann fuhr ich zurück zum Seminar.

Inzwischen waren 200 Leute angereist – davon die Hälfte Männer! Wir saßen im Schatten – die Männern auf Hockern und Baumstämmen, die Frauen auf dem Boden, mein Vater in seinem Liegestuhl. Drei Tage lang hörten die Leute zu, egal, ob es um das Wort Gottes, um Gesundheit oder um Ackerbau ging. Es wurde gesungen, diskutiert, gefragt, gepredigt, gebetet … Die Teilnehmer kamen oft erst nach Mitternacht „zu Bett".

An einem Abend hatten einige von uns ein langes Gespräch mit etwa dreißig Kriegern. Einige von ihnen sagten ganz klar, sie wollten ihren Lebensstil nicht aufgeben (das heißt weiter Kühe stehlen, Mädchen in den Busch schleppen usw.). Mit Jesus ginge das ja nicht mehr. Zwei Krieger meinten, sie wollten weiter darüber nachdenken. Sie hätten festgestellt, dass hinter dem, was wir sagen und leben, wirklich eine Macht stünde, und vielleicht sei es ja angenehmer, das alte Leben aufzugeben und mit Gott und den Menschen im Frieden zu leben?

Zwischendurch fuhr ich wieder zu der Patientin. Die Medikamente hatten nicht den erhofften Effekt gehabt, und sie musste ins Krankenhaus. Mein Vater erklärte sich bereit, sie mit seinem Lorry nach Machame fahren zu lassen. Weil das Kind schrie und die Mutter zu schwach zum Stillen war, wurde es bei der siebzigjährigen (!) Großmutter angelegt. Sie hatte tatsächlich Milch. Das habe ich hier schon öfters erlebt.

Wir hatten eine Floh- und Moskitoplage wie noch nie. Da die Ziegen in den Bergen waren, setzten sich die Flöhe auf die Menschen – und besonders auf mich. Ich habe Katzenflohhalsbänder an den Fußgelenken getragen, das half! Aber leider halten sie keine Mücken ab. Dazu kam eine unerträgliche Hitze, wie ich sie selten erlebt habe. Un-

ser Fieberthermometer ist in der Verpackung geplatzt! Wir konnten oft nicht schlafen und hatten Halluzinationen von kaltem Wasser und eisgekühlter Coca Cola … Trotzdem: Das sind nur kleine Strapazen im Vergleich zu der Liebe und Gastfreundschaft, die wir unter den Massai erleben. Ich möchte diese Arbeit nicht missen! Und ich spüre eure Anteilnahme und eure Gebete, die mich tragen. Theoretisch müsste ich schon lange ausgemergelt und erschöpft sein, aber das Gegenteil ist der Fall: Mir geht es blendend. Das ist Gnade!

Seid dem Herrn befohlen,
eure Angelika

Sie faltet die Blätter zusammen und steckt sie in die Seitentasche der Zeltwand. Bis vor einer Weile hat sie noch die Stimmen der vielen Grüppchen gehört, die sich überall um kleine Feuer gesammelt haben. Jetzt ist es still. Aber in der Steppe gibt es auch nachts viele Geräusche. Die Grillen zirpen, und irgendwo knackt oder raschelt immer irgendetwas. In der Nähe des Bomas ist eine Wasserstelle, an der die wilden Tiere ihren Durst stillen, sobald die Menschen und die Haustiere schlafen. Wenn die Elefanten kommen, ist das Beben des Bodens selbst durch die Schaumstoffmatratze zu spüren. Aber auch die galoppierenden Zebras lassen das Zelt zittern, wenn die Herde groß ist. Jemanden, der so müde ist wie Angelika, kann das aber nicht am Einschlafen hindern. Genauso wenig wie die Tatsache, dass sie ihr Nachtshirt nicht findet, sich heute den ganzen Tag lang keine Gelegenheit zum Waschen ergab, sie eigentlich noch Durst hat …

Doch um vier Uhr in der Nacht ist sie wieder hellwach. Dieses Brüllen – das können nur Löwen sein! Wie viele mögen es sein? Zwei? Oder drei? Das Brüllen ist auf jeden Fall mehrstimmig. Und nicht sehr weit entfernt.

Löwen bekommen Angst, wenn sie Menschen riechen, schießt es Angelika durch den Kopf. Und hier schlafen ja zum

Glück eine ganze Menge (vermutlich genauso ungewaschen wie sie). Von den Massai ist nichts zu hören; wahrscheinlich liegen sie auch starr auf ihren Matten und horchen in die Nacht.

Am nächsten Morgen finden sich nur drei Meter von Angelikas Zelt entfernt Abdrücke von Löwentatzen. Offensichtlich waren es drei Tiere. Angelika wird es nachträglich ein wenig mulmig, aber für Ablenkung ist gesorgt: Es fängt an zu regnen! Endlich! Seit Wochen schon haben alle sehnsüchtig auf diesen Moment gewartet. Jetzt mischen sich Freude und Hektik. Alle Zelte, die „Küche" und alles, was für das Seminar gebraucht wurde, muss abgebaut und ins Auto geschafft werden, ehe es klatschnass ist. Es dauert keine zehn Minuten, da sind die Löwenspuren nicht mehr zu erkennen. Und alle Helfer sind „geduscht".

Als Angelika im Auto sitzt, fühlt sie sich wie ein Fisch im Aquarium, der die Außenwelt betrachtet. Die „Sprechstunde" muss auf ein Minimum reduziert werden. Nur eine alte Frau klettert auf den Beifahrersitz, damit Angelika ihre Augen untersuchen kann. Vor einem Jahr ist sie am Grauen Star operiert worden, aber jetzt sieht sie erneut schlecht. Anders als in Europa bekommen die Patienten hier keine neue Linse eingesetzt, sondern erhalten eine starke Brille. Auch diese Frau trägt Gläser mit zehn Dioptrien. Zum Glück kann ihr Problem schnell behoben werden: Seit der Operation hat sie noch nicht ein Mal die Brille geputzt. Angelika hält sie zum Fenster raus in den Regen, wischt mit ihrem T-Shirt nach – und verabschiedet eine glückliche Patientin, die sehend geworden ist.

Jetzt geht es los. Bei den Sturzbächen draußen muss ein kräftiges Hupen die vielen Umarmungen und Abschiedsworte ersetzen, die sonst leicht zwei Stunden gefüllt hätten. Angelika wird den Geländewagen heute allein nach Engasmet fahren, und das möchte sie möglichst schaffen, bevor aus den Sandpisten Schlammrutschen geworden sind. Martin und Samuel bringen mit einem anderen Wagen Seminarteilnehmer in die verschiedenen Bomas.

Die ersten zwei Stunden ist das Fahren anstrengend, aber noch kein größeres Problem. Das Wasser spritzt von unten in den Wagen herein, doch weil es immer noch sehr warm ist, stört das nicht weiter. Doch dann kommt eine gefährliche Stelle, Angelika kennt die Strecke und hat es schon geahnt: Eines der Flussbetten, die sie durchqueren muss, hat sich bereits in ein einziges großes Schlammbett verwandelt. Da hilft nur „Schwung und ein unverzagtes Herz", wie sie die Praktikanten immer lehrt. Aber diesmal hilft auch das nicht. Der Wagen bleibt stecken, jedes neue Gasgeben ist sinnlos, weil die Reifen sich nur noch tiefer in den Schlamm graben. Also aussteigen, die Seilwinde losmachen, schauen, wo man sie befestigen kann … Angelika springt aus dem Auto und stutzt: Ein Massai steht am anderen Ufer und hebt die Hand zum Gruß: „Angelika, takwenya!"

„Iko!", antwortet Angelika.

„Du wirst hier einen ganzen Monat nicht herauskommen."

„Doch. Gleich bin ich hier heraus. Neben dir ist doch ein Baum, an dem mache ich meine Seilwinde fest."

Der Massai blickt skeptisch. Sagt kein Wort.

Angelika zieht und zerrt, befestigt das Seil, setzt sich ins Auto, gibt Gas – und zieht den Baum mitsamt den Wurzeln aus dem lockeren Uferboden.

„Hab ich ja gesagt: Du kommst hier einen ganzen Monat nicht heraus. Die Regenzeit beginnt doch gerade erst."

„Ich werde sie aber bestimmt nicht hier verbringen", sagt Angelika, rollt die Seilwinde wieder auf und sucht nun nach Steinen und sonstigem Material, das sich eignet, vor die Räder gelegt zu werden, um einen stabileren Untergrund zu schaffen. Dann nimmt sie den Simba Jack, einen Wagenheber mit Übersetzungsmechanismus, um die Räder anzuheben und auch darunter Steine und Holz zu legen. Der Massai sieht ihr unbewegt zu.

Angelika wagt einen neuen Versuch. Erst vorsichtig, im niedrigsten Gang des Allradantriebs, dann mit mehr Gas – es geht! Mit heulendem Motor erreicht sie das andere Ufer. Glücklich, vom Regen und der Anstrengung klatschnass, lehnt sie sich aus dem Fenster, als sie neben dem Massai steht. Es reizt sie, ihm „die Moral von der Geschicht'" zu erklären, aber er kommt ihr zuvor: „Das ist wirklich ein Auto Gottes!"

5
Eine Villa, eine Straße

Engasmet ist ein Verkehrsknotenpunkt. In der Massaisteppe heißt das: ein Ort, den man auf drei verschiedenen Wegen erreichen kann. Und Engasmet ist ein multikulturelles Zentrum, denn hier leben neben den Massai auch Angehörige von Bantu-Gruppen und einige Somali. Zusammen sind es etwa achthundert Menschen, mal mehr und mal weniger. Nicht alle sind sesshaft, und kein Einwohnermeldeamt führt eine Statistik. Verglichen mit den kleinen Bomas der Umgebung ist Engasmet also ein großer und wichtiger Ort, genau richtig, um Angelika nach dem jahrelangen Ruvu-Campingleben eine neue Heimat mit einem Minimum an Komfort zu bieten. Auch Lodamuni, ein Evangelist, der neuerdings mit Angelika reist, kommt aus Engasmet. Ein Grund mehr, die weiteren Einsätze von hier aus zu starten.

Die Missionsgesellschaft hat Angelika Mittel zur Verfügung gestellt, um ein eigenes Haus bauen zu lassen, und sie weiß auch schon, was sie will: ein Haus mit zwei Etagen! So etwas hat hier zwar noch nie jemand gesehen, aber sie wird es den Fundis schon erklären. Pfiffig, wie sie sind, werden sie ihre Ideen auch ohne Architekt und Bauingenieur umsetzen. Fundis, Experten, nennt man auf Kisuaheli alle Handwerker, egal ob sie Möbel schreinern oder Scheren schleifen.

Der Gedanke, dass ihr zukünftiges Haus unbedingt zwei Etagen haben muss, ist Angelika neulich beim Aufwachen gekommen. Sie hatte bis in die Nacht hinein Kranke versorgt, die Anliegen der unterschiedlichsten Leute angehört, eine Abendandacht gehalten, versucht, einen Diebstahl aufzuklären … und war endlich todmüde ins Bett gefallen. Als sie am nächsten Morgen die Augen aufschlug, stand schon wieder jemand direkt vor ihrem Bett und wartete nur darauf, dass sie die Augen aufschlug. Höflich und zuvorkommend zu bleiben, war nicht ganz einfach gewesen …

Die spontane Idee mit den zwei Etagen hatte Angelikas Laune jedoch gleich wieder aufgehellt: Ihr Schlafzimmer musste im oberen Stock sein, und – das würde ihr Leben entscheidend verändern – zu diesem Stock sollte keine Treppe führen! Auch mit Mitte dreißig ist sie ja noch Tarzan genug, um mit einer Strickleiter hoch und an einer Feuerstange herunter zu kommen. Ihr respektables Alter wird andererseits hoffentlich reichen, um ein Recht auf ungestörten Nachtschlaf und ein wenig Privatsphäre durchzusetzen.

Als sie den Fundis den Plan erläutert, schauen die etwas ungläubig. Eine Rutschstange für eine erwachsene Frau, eine Sister? Angelika sieht, dass sie zu einem unwiderlegbaren Argument greifen muss, und erklärt ihnen kurz und bündig: „Wenn ich Durchfall habe, muss es ganz schnell gehen. Dann ist eine Stange besser als eine Treppe."

Das leuchtet ein, denn bei allem vorgesehenen Komfort: Eine Toilette oder ein Bad im Haus sind nicht geplant. Aber es soll immerhin ein Plumpsklo auf dem Gelände gebaut werden.

Die Bauleitung für das ganze Projekt kann Angelika leider nicht übernehmen, dafür ist sie viel zu häufig unterwegs. Aber es wird schon irgendwie klappen. Wenn sie vom nächsten Einsatz zurückkommt, soll der Rohbau stehen. Sie ist gespannt.

Schon viele Jahre lang fahren Angelika und ihr Team jetzt als mobile Klinik durch die Steppe, aber von Routine ist keine Spur. Ständig passiert etwas Unvorhergesehenes, müssen alle Pläne umgeworfen werden, werden die Grenzen ihrer Kraft und ihrer

Geduld getestet. Aber immer wieder sind auch Dinge möglich, die keiner für möglich gehalten hätte. Sie erleben Bewahrung in heiklen Situationen und brechen oft am Ende eines langen Tages in befreites Lachen aus, wenn sie an alles denken, was sie heute wieder überstanden haben. Als der Bischof von Arusha hört, dass Angelika nach sieben Jahren mit unvermindertem Schwung unterwegs ist, sagt er ihr unumwunden: „Ich wundere mich, dass Sie physisch und psychisch noch kein Wrack sind!" Ein schönes Kompliment. Und Angelikas Massaivater liefert wenig später die Erklärung: „Du hast eine unerklärliche Kraft, die nicht aus dir selbst kommen kann."

Engasmet, im Dezember 1989

Liebe Freunde!

Es war mir immer schon klar, dass Gottes Engel bei mir besonders viel zu tun haben. Und bei Bibelstellen wie „Er hat seinen Engeln befohlen, dass sie dich behüten auf allen deinen Wegen" oder „Er wird seinen Engeln deinetwegen Befehl geben", habe ich mich immer persönlich angesprochen gefühlt. Im Nachhinein sehe ich mal wieder Gottes Schutz und danke ihm für seine Güte. Ich hätte mir leicht einen Knochen bzw. viele Knöchelchen brechen können.

But let's start from the very beginning:

Wir waren unterwegs zu einem zweiwöchigen Einsatz mit allem Drum und Dran (Klinik, Seminar für 300 Leute etc.). Der Wagen war vollbeladen mit Diesel, Wasservorrat, Reis- und Zuckersäcken, Zelten … Vorn saßen wir eng zusammengedrängt, und ganz hinten quetschte sich Lodamuni zwischen die Matratzen. Nach vierstündiger Fahrt hielten wir um ca. 22 Uhr vor einem Haus, um jemanden mit seinem Gepäck dort abzuladen. Ich hatte die Handbremse nicht angezogen, aber einen Gang eingelegt. Als ich ausstieg, kam wohl ein Beifahrer gegen den Schaltknüppel. Der Wagen rollte rückwärts, und der Handgriff der offenen Tür knallte mir voll in den Rücken.

Für einen Moment war ich „meiner Sinne beraubt". Als ich wieder zu mir kam, wurde ich von der Tür nach unten gedrückt, fiel hin, und der rechte Fuß geriet unter den rollenden Vorderreifen. In dem Moment zog Esther, die vorne saß, die Handbremse, und der Wagen kam mit dem Reifen auf meinem Fuß zum Stehen. Ich rief: „Lodamuni, steig aus und schieb den Wagen weg – mach schnell!" Er und Esther gerieten in Panik und verloren die Fassung. Lodamuni schob und zerrte verzweifelt am Rad, was natürlich wegen der angezogenen Handbremse nichts bewirkte. Esther klammerte sich an der Handbremse fest, während ich ihnen zu erklären versuchte, dass sie sie lösen müssten. Sie hörten gar nicht zu, sondern jammerten nur: „Angelika, Sister, dein Bein, dein Bein …!" Ich versuchte weiter, meine Schmerzen zu beherrschen, und ging in Gedanken die Anatomie des Fußes durch: Fersenbein, Sprungbein, Keilbeine, Mittelfußknochen …

Nach etwa fünf Minuten – der Druck auf meinen auswärts gedrehten Fuß wurde fast unerträglich – kam jemand, der den Lärm gehört hatte. Er löste sofort die Handbremse, und zu dritt schoben wir den Wagen vor (mit dem linken freien Bein konnte ich mithelfen). Dann lag ich erst mal eine Weile benommen auf der Erde. Lodamuni hatte aus Versehen Strumpf und Turnschuh des gesunden Fußes entfernt und begann, den Fuß zu massieren. „Du hast das falsche Bein", sagte ich zu ihm. Als er daraufhin den schmerzenden Fuß massierte, protestierte ich allerdings lautstark. Dann versuchte ich, den Fuß in alle Richtungen zu bewegen – er war nicht gebrochen! Ich dankte Gott für die Bewahrung. Wir mussten unseren Steppeneinsatz nicht abbrechen!

Als wir bei dem Haus, in dem wir übernachten wollten, ankamen, musste Esther mich allerdings fast tragen, weil ich vor Schmerzen kaum laufen konnte. Nach langem Klopfen öffnete unser neuer Kollege Steven die Tür. Esther weinte und versuchte mir zu helfen, aber ich musste furchtbar lachen, weil unser Auftritt so komisch war. Steven sah mich an Esther hängen, hielt das Ganze für einen Spaß und lachte auch. Erst als ich ihm die Lage schilderte, wurde er schlagartig ernst.

Esther und er saßen dann bis 2 Uhr nachts an meinem Bett und kühlten meinen Fuß – mit ernsten, versteinerten Gesichtern, was mich, wie ich zu meiner Schande gestehen muss, wieder zum Lachen brachte. Die beiden dachten wohl, ich hätte bei dem Unfall meinen Verstand verloren. Dabei war ich einfach nur froh, dass ich mir nichts gebrochen hatte.

Für heute muss ich Schluss machen. Bald wieder einmal mehr. Seid Gott befohlen,

Angelika

Esther ist die Jüngste von neun Geschwistern und Halbgeschwistern. Angelika hat sie gleich im ersten Jahr kennen gelernt, als Esther an einem Seminar für Dorfgesundheitshelfer in ihrem Heimatdorf Kitumbeine teilnahm. Ihr Vater hatte zwei Frauen. Eine starb unter seinen Misshandlungen, die andere, Esthers Mutter, zog alle neun Kinder groß. Sie ließ sich von ihrem Mann schikanieren – wenn sie ihn verlassen hätte, hätte sie auch die Kinder verloren, denn die sind in der Massaitradition Eigentum des Vaters. Immer wieder wurde die Mutter vom Vater geprügelt, weil sie es wagte, die Kinder gegen seinen Willen zur Schule zu schicken. Als der Vater einmal verreiste, drohte er der Mutter, sie umzubringen, wenn er die Töchter nach seiner Heimreise in der Schule anträfe. Auf dieser Reise verunglückte er tödlich. Esther und ihre Schwestern bekamen so eine gute Schulbildung …

Esther und Angelika waren von Anfang an „die dicksten Freundinnen“, und sie sind es bis heute. Eines Tages kletterten die beiden sogar gemeinsam auf den erloschenen Vulkan Kitumbeine, wo Esthers Mutter auf einer Höhe von über 2500 Metern wohnt. Seit mehr als fünfzig Jahren hatte kein Mzungu mehr diese Gegend betreten, und die Aufregung war entsprechend groß, als Esther dort oben mit ihrem exotischen Gast auftauchte. Am liebsten hätte Angelika die Mutter gleich umarmt und ihr „Danke!“ gesagt. „Danke, dass Sie Ihrem Mann die Stirn geboten haben! Danke, dass Esther zur Schule gehen durfte! Danke, dass sie nicht zwangsverheiratet wurde!“ Doch das traute sie sich nicht. Aber als Esther und Angelika am nächsten Tag wieder abstiegen, hatte die Mutter auch so verstanden, welches Glück diese schwarz-weiße Freundschaft für die beiden Frauen bedeutet. Esther begann bald darauf eine Ausbildung zur Hebamme und ist nun Mitarbeiterin in Angelikas mobilem Klinikteam.

Wenige Wochen nach dem Unfall steht Angelika an einem späten Nachmittag fassungslos vor dem Neubau. Schon als sie ihr Auto auf Engasmet zusteuerte, sah sie am Hang ein neues großes Gebäude. Wie die Villa eines Teeplantagenbesitzers erhob es sich am Rande der Ebene und in vornehmem Abstand zum Dorf mit seinen vielen kleinen Hütten und Häuschen. Das war doch wohl nicht …?! Doch, an dieser Stelle konnte es nichts anderes sein. Ihr neues Domizil! Sie fuhr vor, sprang aus dem Auto und wusste nicht, ob sie lachen oder weinen sollte. Ja, sie hat sich ein zweistöckiges Haus gewünscht, aber sie hat doch nicht im Traum daran gedacht, dass sie den Kopf in den Nacken legen müsste, um zum Fenster der oberen Etage zu schauen! Hatten die Fundis die Länge ihrer Strickleiter falsch in Erinnerung?

Angelika muss sich erst mal setzen. Von einer Nomadin im Zelt wird sie jetzt also zur Bewohnerin eines Palazzo Prozzi im afrikanischen Stil. O weh, was werden ihre Freunde sagen, die Mission, die deutschen Spender …?

„Hakuna matata, Sister, mach dir keine Sorgen“, sagt Samuel, der sich neben ihr auf einem Stapel Baumaterial niederlässt. „Freu dich doch, dass du endlich mal Platz hast. Und außerdem ist es doch schön, wenn man nach Engasmet kommt und gleich sieht, wo die Sister wohnt. Du wirst das Haus schon voll kriegen. Wart’s nur ab.“

die „Villa" in Engasmet / Foto: Hanna Schott

Aber bevor das Haus voll werden kann, ist noch einiges zu tun, und Angelika schreibt nach Hause: „*In Engasmet sind wir beim Innenausbau. Mit der Bohrmaschine und der Kreissäge geht es im Nu. Solche Arbeiten machen mir großen Spaß. Und hier kommt es ja nicht so genau drauf an … Oben werde ich meine Wohnung haben, unten gibt es schon drei Gästezimmer und eine große Sitzecke, so richtig mit roten plüschigen Sesseln, außerdem ein Esstisch und eine Kochnische – der pure Luxus!*"

Die Arbeiten gehen gut voran. Bei einer Nachtfahrt zwischen Arusha und Engasmet verlieren Angelika und Samuel allerdings einen Anhänger, beladen mit Baumaterial, Mais und einem Reserverad. Er hat sich von der Anhängerkupplung gelöst, ist unbeleuchtet und im Dunkeln nicht wiederzufinden. Am nächsten Tag taucht er wieder auf – nur die Fracht fehlt.

Doch dann ist es so weit. Angelika lädt ins neue Haus ein. Eigentlich will sie nur einigen Männern danken, die sich in der

Bauzeit besonders eingesetzt haben. Mit einem von ihnen geht sie einen Bullen kaufen. Das arme Tier hat wegen der anhaltenden Trockenheit nicht viel auf den Rippen, deshalb erstehen sie auch gleich noch einen Sack Reis dazu. Außerdem Fett, Salz, Kartoffeln und Zwiebeln. Bis sie mit dem Einkaufen fertig sind, hat sich im Dorf schon verbreitet, dass ein großes „Sikukuu ya Angelika" bevorsteht, ein Fest bei Angelika. Dreihundert Leute strömen herbei! Soll sie jetzt rufen: „Halt! So hatte ich mir das nicht gedacht …"? Nein, sie heißt alle willkommen.

Es wird eine Mischung aus Breklumer Missionstag und Schlachtfest der Massai. Die Krieger und die jungen Mädchen haben sich wie zu einem großen Kralfest geschmückt, essen, tanzen und springen viele Stunden lang – bis Angelika ihre Trompete nimmt und mit Fanfarenklängen die Gäste vor dem Haus zusammenruft. Es folgen eine gepfefferte Predigt und einige Lieder, und dann schickt Angelika alle nach Hause.

Am nächsten Abend sammelt sich eine Gruppe von Kindern vor dem Haus. Sie wollen „noch einmal so eine Geschichte hören wie gestern. Und Lieder singen!"

„Na gut, wenn ihr meint. Dann kommt rein!" Das lassen sich die Kleinen nicht zweimal sagen. Der große Raum füllt sich im Nu – und ein fester Veranstaltungstermin ist eingerichtet: die abendliche Kinderstunde bei Mama Angelika. Erst sind es etwa fünfzig Kinder, bald darauf schon achtzig, die jeden Abend um halb sieben vor dem Haus stehen. Nur wenn die Sister mit der mobilen Klinik unterwegs ist, muss die Kinderstunde ausfallen. Aber kaum ist sie wieder da, laufen die Kinder zusammen. Die Ältesten sind etwa fünfzehn und tragen eine Schwester oder einen Bruder im Tuch auf dem Rücken. Die Jüngsten von denen, die schon auf eigenen Füßen kommen, sind ein gutes Jahr alt. „Mit Jesus sind wir sicher im Sturm", singen sie, nicht schön, aber laut. Und mit Begeisterung. Einige von ihnen sind Somalis, also Muslime, aber das stört weder ihre Familien noch Angelika.

Gegen acht Uhr ist Schluss, und jetzt folgt der schwierigste Teil des Abendprogramms: Draußen ist es stockdunkel. Der Weg ins Dorf ist wegen der wilden Tiere gefährlich. Die Kinder dürfen auf keinen Fall allein nach Hause gehen. Also muss Angelika entscheiden, wen sie in der Obhut des Nachtwächters lassen kann und in welcher Reihenfolge sie die Kinder im „Shuttlebus" nach Hause fährt. Die Großen drängen sich vor, es gibt Gezeter und Geschrei, andere singen einfach immer weiter, ob im Haus oder im Geländewagen, und schließlich steht jedes Kind vor seinem Zuhause, winkt – und vergisst nicht zu rufen: „Morgen Abend komm ich wieder, Sister!"

Vom Ruvu nach Engasmet sind es 110 Kilometer, weil es keine direkte Verbindung, sondern nur eine sich nördlich und eine sich südlich durch die Steppe schlängelnde „Bushroad" gibt. Das mobile Klinikteam ist aber weiterhin auch im Ruvu-Gebiet unterwegs, und die Fahrten sind äußerst beschwerlich, besonders in der Regenzeit. Schon vor Jahren hat der Staat begonnen, eine Verbindungsstraße zu bauen, die den Weg um über siebzig Kilometer verkürzen soll. Aber die Arbeiten sind längst zum Erliegen gekommen, weil die Männer mitten im Busch nicht ohne Wasser sein können und es zu schwierig ist, Nachschub zu organisieren.

Nach einem nicht enden wollenden Reisetag hat Angelika genug von dem Gezuckele auf der Steppenpiste. „Wenn der Staat nicht bald an der Straße weiterbaut, dann baue ich selber weiter." Sie lässt sich auf einen Stuhl plumpsen. „Ich fahre ja wirklich gerne Auto, aber diese endlosen Fahrten rauben mir Zeit und Nerven und kosten außerdem einen Haufen Geld."

Die Mitglieder vom Klinikteam sind leicht entsetzt. „Jetzt sag nicht, du willst mit der Säge in den Busch ziehen und Bäume fällen …“

„… und dann mit dem Wagen so lange hin und her fahren, bis die Piste einigermaßen gespurt ist!“

Aber in Angelikas Kopf nimmt der Plan schon Gestalt an. „Warum nicht? Ich besitze ein Auto, eine Kettensäge, Zelte und Wasserkanister. Und ich kenne jede Menge junge Krieger, die die nötige Zeit und Kraft für so etwas haben. Ich kann ihnen keinen Lohn zahlen, aber wenn die Straße erst mal gebaut ist, hat die ganze Region etwas davon. Also nutzt es auch ihnen.“

Entweder man hält die Sister für verrückt, oder man freundet sich mit ihren seltsamen Ideen an. Auch wenn mancher Mitarbeiter natürlich still hofft, dass es ihn nicht erwischt und er selbst mit anfassen muss …

Es dauert nicht lange, und Angelika hat vierundzwanzig Männer zusammengetrommelt. Alles, was sie zum Arbeiten und Campieren im Busch brauchen, wird zusammengepackt: Zelte, Matratzen, Decken und eine 250-Liter-Wassertonne aus Plastik. Außerdem besorgt sich jeder Mann eine Axt und nimmt sein Panga mit, das Buschmesser. Dort, wo der staatliche Bautrupp aufgehört hat, bauen sie ihr „Zelt-Boma“ auf. Und dann ziehen sie morgens los, Angelika und ihre vierundzwanzig Krieger. Sie mit der Kettensäge, die Männer mit Äxten. Für Sträucher und Gestrüpp reichen die Buschmesser. An besonders dicke Baumstämme legen sie Feuer. Zwei Tage lang schuften sie unter der Sonne, dann gibt Angelika auf. Diese Arbeit ist einfach zu schwer. Die Männer müssen allein weitermachen, sie übernimmt lieber das „Catering“, holt Wasser vom Ruvu und bringt als besonderen Service den Maisbrei bis zur Baustelle.

Abends am Feuer erholen sich alle von den Strapazen des Tages, essen, lachen und erzählen einander, wie sehr sie ihre Freundinnen vermissen. Angelika ist froh, zwei vertraute und

die „Straßen-Bauarbeiter" bringen Angelika den Kriegertanz bei / Foto: AW

bewährte Kollegen dabei zu haben. Als Frau ganz allein würde es ihr hier vielleicht etwas mulmig. Aber mit Stephen und Makarot gelingt es ihr, die Männer bei Laune zu halten und immer wieder auch auf andere Gedanken zu bringen. Sie lenken das Gespräch auf die Zukunftschancen der Massai, auf den christlichen Glauben, auf Aids und Familienplanung.

Viele der „Bauarbeiter" sind keine Christen und denken zum ersten Mal darüber nach, welche Konsequenzen es wohl hätte, wenn sie sich dem Glauben zuwenden würden. Wäre es dann vorbei mit dem Viehdiebstahl? Dürften sie dann keine Mädchen mehr verschleppen und durch Schläge zum Sex zwingen? Müssten sie vielleicht sogar generell auf die Wünsche und Bedürfnisse von Frauen und Kindern Rücksicht nehmen?

Das ist schwer vorstellbar, aber andererseits gibt es junge Krieger, die mit dem christlichen Leben gute Erfahrungen gemacht haben. Einer von ihnen ist sogar Sohn eines Laiboni, eines Medizinmannes und Propheten. Er hätte alles erben können: die Heilkräfte, die Macht und das Ansehen des Vaters, die Werkzeuge und Zaubermittel, dazu eine Menge Geld. Aber er hat auf sein Recht als Erstgeborener verzichtet und ist Christ geworden. Jetzt ist er ein Massai wie jeder andere, ohne Extra-Einnahmen und besonderen Einfluss, aber trotzdem scheint er kein bisschen unglücklicher zu sein als früher.

Und was am seltsamsten ist: Er hat keine Angst, obwohl sein Vater ihn verstoßen und verflucht hat. Er glaubt einfach nicht, dass dieser Fluch ihm jetzt noch schaden kann. Und er schadet ihm offenbar tatsächlich nicht. Genauso wenig wie der Sister. Die ist auch schon von einem Laiboni verflucht worden – und lebt doch immer noch. Gesund und munter wie ein Fisch im Wasser, oder besser gesagt: wie ein Kalb in der Regenzeit. Solch einen Mut aufzubringen, kommt manchen der Krieger heute noch ungeheuerlich vor. Sie wollen über die ganze Sache weiter nachdenken.

Nach zwei Wochen harter Arbeit ist es geschafft: Es gibt eine kurze Verbindung von Loiborsoit nach Engasmet! Nur 38 Kilometer muss man jetzt fahren. Für die braucht man zwar zwei Stunden, und manchmal ist die Straße so abschüssig, dass Angelika wie beim Segeln rufen muss: „Achtung! Alle auf die Linke!“ Dann rutschen alle Insassen auf eine Seite, so weit, wie es nur geht, damit der Wagen nicht kippt. Aber das kann die Freude über die Abkürzung nicht schmälern.

Die Straßenbau-Aktion ist ein echtes Erfolgserlebnis. Andere Anstrengungen, die Angelika und andere Entwicklungshelfer mit oder für die Massai unternehmen, sind dagegen schwierig, mühsam oder auch ganz vergeblich. Engasmet hat seit kurzem eine Dieselpumpe, mit der aus einem Bohrloch Wasser für das

Vieh gepumpt werden kann. Statt im Wasserloch zu stehen und das kostbare Nass eimerweise zu schöpfen, können die Massai jetzt literweise pumpen. Sie tun es mit Begeisterung, aber auch ohne Plan und ohne Einschränkung, so dass der Grundwasserpegel schnell sinkt und das Pumpen zwecklos ist. Jetzt graben die Krieger wieder in harter Knochenarbeit, tiefer und immer tiefer, um endlich an Wasser zu kommen.

Auch eine andere Idee schien erst genial zu sein und brachte dann doch nur Frust: das Kamelprojekt. Wäre es nicht wunderbar, Milch von Tieren zu haben, die sich nicht das wenige Grün, das die Steppe bietet, mit Kühen und Ziegen teilen müssen? Kamele fressen ähnlich wie Giraffen von Bäumen und Sträuchern, nur dass ihre Hälse nicht ganz so hoch reichen. Kamelmilch ist zudem reicher an Eisen und Kalium als Kuhmilch, und sie enthält vor allem mehr Vitamin C – ein wichtiger Faktor bei der Ernährung von Menschen, die weder Obst noch Gemüse essen. Außerdem macht die antibakterielle Wirkung Kamelmilch zu einem wertvollen Naturheilmittel, kurz: Alles spricht dafür, dass die Massai Kamele halten.

Auch zwei junge Krieger aus Engasmet fangen Feuer: Sie wollen Kamelzüchter werden. Angelika finanziert ein Kamel und einen Kurs, den die beiden besuchen: Kamelpflege für Anfänger. Eigentlich bräuchte Angelika das Geld für ein neues Motorrad, aber ein Kamel ist ja auch ein Fortbewegungsmittel und hat außerdem einen besonderen Vorteil: Es frisst kein Benzin. Die Sache läuft gut an, aber dann geben die beiden Krieger auf. „Wir sind Massai. Was haben wir mit Kamelen zu tun? Sie gehören nicht zu unserer Kultur“, sagen sie. Massai an anderen Orten sehen es genauso.

Wenn Angelika jetzt durch die Steppe fährt, begegnet sie hier und da ausgewilderten Kamelen. An ihren Schenkeln kann sie die eingebrannten Nummern erkennen. Sie zeigen an, dass sie einmal zu einem hoffnungsvollen Massai-Projekt gehörten, das kläglich scheiterte … Nur ein Somali aus Engasmet hat seine Chance erkannt und ist jetzt stolzer Besitzer einiger genügsamer und milchspendender Tiere.

Dennoch: Der Fortschritt ist nicht aufzuhalten. Mal schreiten positive Dinge fort, mal negative. Seit neuestem hält ein Bus in Engasmet! Man muss nur einsteigen und ist – in wenigen Stunden oder in wenigen Tagen – in Arusha. Da man nicht so genau wissen kann, ob es so oder so kommt, ist es auf jeden Fall ratsam, genug zu essen und zu trinken bei sich zu haben. Und auch mit der Abfahrtszeit sollte man es nicht zu genau nehmen. In der Regenzeit hat der Bus nämlich gelegentlich einige Tage Verspätung, weil er irgendwo stecken geblieben ist. In der Trockenzeit dagegen bricht auf der steinharten Piste schon mal das Blatt einer Sprungfeder und wird geschient, ähnlich wie bei einem Knochenbruch. Das kann dauern. Vor kurzem hat sich ein bis unters Dach mit Menschen und Gepäck vollgestopfter Bus überschlagen. Vielleicht war es gut, dass drinnen drangvolle Enge herrschte – alle Insassen haben überlebt. Nur die Hühner auf dem Dach zahlten den Fortschritt mit ihrem Leben.

Nach der Tansania-Karte zu urteilen ist eine Fläche so groß wie Bayern „Massaisteppe“. Aber das ist nicht mehr als eine traditionelle Bezeichnung. Kein Massai besitzt hier Land in dem Sinne, dass er eine Urkunde hätte, die ihn als Grundbesitzer ausweist. Also kann auch jeder kommen und das Land für sich beanspruchen. Farmer bekommen vom Staat Gebiete zugesprochen und roden riesige Flächen, um hier Landwirtschaft zu betreiben.

Auch Großwildjäger aus Europa oder den USA schlagen mitten in der Massaisteppe ihr Quartier auf und tragen wie die Farmer dazu bei, den Bestand an Löwen, Antilopen und Büffeln zu reduzieren. Für sie sind die Massai exotische Wilde, mit denen sie gerne für ein Foto posieren.

Soll Angelika den Massai Mut machen, den Tourismus für

sich zu nutzen? An manchen Stellen gibt es so etwas schon: „Cultural Boma" steht auf einem Schild an der Straße in die Serengeti. Dort können Touristen ein Boma besichtigen und nach Herzenslust Fotos schießen. Hundert US-Dollar kostet das pro Autoladung Fremder. Massaifrauen verkaufen hier ihren Schmuck und lassen sich in festtäglichem Putz fotografieren. Ist das eine Perspektive für sie oder verkaufen sie mit den Fotos auch ihre Tradition und vielleicht sogar ihre Seele?

Angelika ist skeptisch und unterstützt lieber andere Projekte. Als sie von ihrem Massaivater adoptiert wurde, hatte er elf Frauen, inzwischen ist er stolzer Ehemann von vierzehn Frauen. Eine der Frauen ist Elizabeth. Sie ist Vorsitzende einer Frauengruppe und verwaltet die Maismühle von Loiborsoit. Die Frauen haben mehrere Jahre gespart, das heißt sie haben die Rinder verkauft, die ihre Männer, Brüder oder Söhne ihnen geschenkt haben, und das Geld Elizabeth gegeben. Die versteckte es in einem kleinen Tresor in ihrer Hütte.

Den Schlüssel zu ihrem Schatzkästchen trägt sie nach wie vor als Schmuckstück um den Hals. Zum einen gibt es keinen anderen sicheren Aufbewahrungsort, und zum anderen hat sie allen Grund, stolz auf ihr Kästchen und ihr Projekt zu sein: Eines Tages nämlich hatten die Frauen genug Geld, um eine Maismühle mit Dieselmotor zu kaufen. Alles, was man können muss, um die Mühle zu betreiben, haben sie dann in Arusha mit Unterstützung von Angelika und ihrem Team gelernt, vom Start des Motors bis zur Wartung und dem Einbau von Ersatzteilen.

Bantubauern aus der Umgebung bringen ihnen nun Mais zum Mahlen oder verkaufen ihn auch an die Frauen. Ein wenig Mais stammt inzwischen auch schon von Massaifrauen, die selbst mit Ackerbau begonnen haben. Jetzt sind Elizabeth und die anderen Frauen Unternehmerinnen. Nicht mehr nur Besitz ihrer Männer, von deren Willkür sie abhängen. Und wenn Angelika, ihr „Coach", ihr Boma besucht und sieht, wie sie stolz und froh an der Mühle stehen und die Maissäcke entgegennehmen, dann weiß sie: Sie unterstützt etwas, das Zukunft hat.

Zwölf Jahre lebt Angelika jetzt in Tansania. Ein paar Mal hat sie Urlaub in Deutschland gemacht, ihre Eltern besucht, alle neuen Nichten und Neffen bewundert und in Schulen und Kirchengemeinden von ihrer Arbeit berichtet. Zweimal schon waren auch ihre Eltern in Afrika zu Besuch, aber nur wenige Massai nahmen von den beiden älteren Leuten Notiz. Jetzt ist das anders. Angelikas Eltern kommen für vier Wochen und haben einen besonderen Anlass: Ihre wilde Geli wird vierzig. Und die ist inzwischen eine Steppen-Prominenz, deren „Privatleben" von allgemeinem Interesse ist. Vater und Mutter Wohlenberg kommen, und die Massai staunen. Es stimmt also: Angelika ist nicht einfach vom Himmel gefallen, sondern die Tochter von zwei Menschen, denen sie ähnlich sieht. „Wir wussten gar nicht, dass du Eltern hast!", rufen einige. Und andere sagen: „Dein Vater ist ja ganz milde und gütig. Er schlägt seine Frau bestimmt nie!"

Auch Angelikas Eltern kommen aus dem Staunen nicht heraus. Bei einer Fahrt mitten durch die Steppe taucht unvermittelt ein Krieger neben dem Auto auf und ruft: „Angelika!" Wo kommt der so plötzlich her? Und woher kennt er ihre Tochter?

„Was soll das bloß werden?", wird zur Standardfrage der Mutter.

„Das musst du jetzt einfach genießen", lautet Angelikas Antwort jedes Mal. Sie weiß, dass diese Reise für ihre Eltern keine Kleinigkeit ist.

Es naht der wichtigste Termin: der Besuch bei Angelikas Massaivater, geplant und vorbereitet wie ein Staatsbesuch. Wie soll der norddeutsche Vater den nordtansanischen begrüßen

Angelika und ihre Eltern, 2006 / Foto: Heidi Burkandt-Kilian

und welche Art von Gastgeschenk ist angemessen? Angelika campiert mit ihren Eltern unter einer riesigen Schirmakazie ganz in der Nähe des Bomas ihres Massaivaters. Dort hinaus kommt er, Orbagwa, um die Eltern zu begrüßen. Sein erstes Geschenk, eine Ziege, wird derweil bereits von einigen Kriegern geschlachtet.

Der Massaivater geleitet die deutsche Familie in seine Hütte, die deutlich größer ist als die anderen Hütten des Bomas, und dann setzen sich die beiden Väter auf Hockern einander gegenüber und bedanken sich gegenseitig: Orbagwa bedankt sich dafür, dass der „Baba Angelika“ aus Deutschland seine Tochter nicht an einen Ehemann verkauft hat, so dass sie frei war, um nach Afrika zu kommen. Und Karl-Theodor bedankt sich, dass der Massaivater Angelika unter seinen Schutz gestellt hat. Dann werden Geschenke ausgetauscht: Orbagwa bekommt eine teure Armbanduhr und überreicht dem deutschen Pastor einen Hocker und ein Zepter. Angelikas Mutter erhält eine Kalebasse, die noch Jahre später in Deutschland an der Terrassenwand hängen wird, weil ihr scharfer Geruch die Aufbewahrung an einem würdigeren Platz im Haus nicht zulässt. Erst dann wird die Ziege serviert.

„Sag mal, Geli", fragt Angelikas Mutter am Abend dieses Tages ihre Tochter, die beim Festschmaus gut und gerne ein Kilo Ziegenfleisch gegessen hat und sich wohlig ausstreckt, „deine Verträge mit der Missionsgesellschaft gelten doch immer für vier Jahre. Müsste da nicht gerade ein neuer fällig sein? Oder willst du dich nicht mehr so lange binden? Ich meine, du bist jetzt vierzig, und das Leben hier ..."

„Too late, liebe Mutter!" Angelika setzt sich auf und lacht. „Ich habe den Anschlussvertrag schon unterschrieben. Oder weißt du, was ich in Deutschland soll, so verbuscht, wie ich inzwischen bin? Die deutschen Tischsitten, eure tausend Verkehrsregeln, diese wahnsinnig wichtige Pünktlichkeit – ich glaube, das ist nichts mehr für mich. Jetzt heiße ich noch ‚Mama Massai'. Wahrscheinlich werden sie mich bald ‚Bibi Massai' oder ‚Koko Massai' nennen – die Frauen in meinem Alter sind ja hier längst Oma. Aber das wird mich nicht stören. Im Gegenteil: Ich freue mich schon auf diese Ehre!"

6
Ein dunkles Kapitel

Angelika hat sich entschieden. Für ein Leben bei einem Hirtenvolk, genauer: bei Halbnomaden, deren Männer mit dem Vieh umherziehen, während Frauen, Kinder und Alte im Boma bleiben. Wenn nach einer gewissen Zeit kein grüner Halm mehr zu finden ist, ziehen alle zusammen ein Stück weiter, bauen ein neues Boma, in dem die einen bleiben, während die anderen umherziehen – eine unendliche Geschichte von Aufbrechen und Bleiben und wieder Aufbrechen.

Dass Angelika aber in einem solchen Maße selbst zur Nomadin werden würde, hätte sie nicht gedacht. Bis jetzt haben ihr als Hauptwohnsitz ein Zelt, ein Geländewagen und eine sozusagen versehentlich gebaute Villa gedient. Neuerdings jedoch bewohnt sie ein ganz besonders originelles Domizil, einen Lkw-Anhänger, den ein geschwungener Schriftzug ziert: „Schreib mal wieder!“, steht dort – auf Deutsch. Der Hänger war nämlich früher Eigentum der Deutschen Post. Doch dann geriet er auf verschlungenen Wegen nach Oldonyo Sambu, den Ort, an dem die junge Missionarin vor vierzehn Jahren ihre ersten Wochen in Tansania verbrachte und an dem sie jetzt vorübergehend wieder wohnt.

Angelika hat den Innenraum abgeteilt: In der einen Hälfte stehen Bett, Tisch und Stuhl, die andere ist Speisezimmer, Garage, Keller und Dachboden in einem, Lagerraum für alles, was sie nicht unmittelbar neben ihrem Bett stehen haben möchte. In eine der Wände hat sie ein Fenster und eine Tür sägen lassen, abends dient eine Solarlampe als Beleuchtung. Toilette, Wasser und Küche gibt es in der Nachbarschaft. Statt eines Geländewagens fährt Angelika jetzt eine alte Yamaha 200cc, wobei die Typenbezeichnung lediglich angibt, was das Motorrad früher einmal konnte.

Der Grund für diese Veränderung: Angelika hat sich von der deutschen Missionsgesellschaft verabschiedet und zusammen mit Massai-Evangelisten eine eigene NGO, eine Nicht-Regierungs-Organisation, gegründet. Sie ist jetzt nicht mehr von Deutschland entsandt, sondern Teil einer afrikanischen Organisation, die überkonfessionell arbeitet. Der lutherischen Kirche ist sie weiter verbunden, aber sie ist keine kirchliche Angestellte mehr. Das schafft größere Freiheiten für eigene Projekte.

Vier Punkte haben sich Angelika und ihre Mitstreiter auf die Fahnen beziehungsweise ins Programm geschrieben: Sie wollen die Massai in Landfragen unterstützen, das Gesundheitswesen stärken, allgemeine Entwicklungshilfe leisten und das Evangelium verkünden. An guten Ideen fehlt es nicht, auch nicht an Mitarbeitern, Motivation oder Tatkraft. Nur einen Haken hat die Sache: Angelika bezieht von niemandem mehr ein Gehalt. *„Bisher habe ich noch kein Geld, nur Gottvertrauen. Wer sich berufen fühlt, kann unser Projekt und mich unterstützen. Demnächst wird es eine Kontonummer geben"*, schreibt Angelika an ihre Freunde. Und dann kein Wort mehr übers Geld. Dabei braucht sie es jetzt so dringend wie noch nie: Die Villa in Engasmet haben ihre Nachfolger und ehemaligen Kollegen übernommen. Eine Wohnung, die auch Platz für Zusammenkünfte bietet, muss also her, ein neuer Geländewagen, Motorräder für die Mitarbeiter, die zwar zu großen Teilen Evangelisten der lutherischen Diözese von Arusha sind, für ihren Dienst aber nichts oder nicht mehr als ein Taschengeld bekommen.

Am meisten jedoch liegt Angelika ein großer Plan am Herzen (aber der kostet leider auch wieder Geld): Wenn es in Arusha ein

Internat gäbe, könnten auch Massaikinder eine gute Schulbildung erhalten und Berufe lernen, die man in der Steppe braucht, für die es aber keine Ausbildung gibt. Angelika denkt da vor allem an verschiedene Massaimädchen. Einige sind ihr im Lauf der Zeit sozusagen zugelaufen und haben eine Weile bei ihr gewohnt. Einige waren auf der Flucht vor älteren Männern, mit denen sie gegen ihren Willen verheiratet werden sollten. Anderen wurde von ihren Vätern das Schulgeld verweigert. Wenn sie diesen Mädchen durch Bildung und Begleitung eine Perspektive bieten könnte!

Die Antwort auf Angelikas Brief an ihre Freunde und auf ihre Gebete erfolgt schneller, als sie es sich hätte träumen lassen. Wenige Wochen nach ihrem Einzug in den Postwagen kann sie ihre Familie und ihre Freunde mit einem neuen Brief beruhigen:

Kwa Ngulelo, 25. November 1997

Liebe Freunde,

ich sitze hier in einem wunderschönen, gepflegten Garten mit Bananenstauden, Papaya- und Mangobäumen, Rasen mit Kleeblättern, Rosenstauden – inmitten afrikanischer Nachbarschaft. Zwischen zwei hohen Bäumen kann ich bis nach Arusha Town hinüberschauen. Ich kann es noch gar nicht fassen, dass ich in solch einem Luxus leben darf, in einem sehr gemütlichen, möblierten Haus mit Wasser und (immer mal wieder) Strom, Kühlschrank, Balkon …

Wie ich daran gekommen bin? Das Haus stand fünf Jahre lang leer. Ein deutscher Missionar hatte es vor seiner Heimreise nach Deutschland gebaut, um ein Zuhause zu haben, wenn er nach Tansania reist. Aber dann starb er, und die Nachbarn, eine Familie Kimaro, suchten vergeblich einen Mieter, „der Jesus und die Menschen liebt". Als ich mit dem Motorrad auftauchte, waren sie, ehrlich gesagt, begeistert, und die Sache war sofort unter Dach und Fach. Kurz darauf kam ein UN-Mitarbeiter, der das Haus mieten wollte. Too late …

Ein kleiner Hund ist mir auch zugelaufen, eine echte Promenadenmischung: schwarz mit braunen Pfoten, Schlappohren, abgemagert, aber mit aufgeweckten Augen und mit unzähligen Flöhen. Die habe ich aber bereits durch ein medizinisches Bad abgetötet.

In meinem Postwagen fühlte ich mich langsam wie die Maus im Schrank. Da ich ihn aber sicher irgendwann noch mal gebrauchen kann, habe ich ihn bei meinem Umzug mitgenommen. Dazu habe ich einen Trecker und einen Fahrer gemietet. Dem Fahrer habe ich ein Begleitschreiben mitgegeben, und dann bin ich mit dem Motorrad vorausgefahren. An die „Postkutsche" haben wir der Form halber ein ausgedientes Nummernschild gehängt; der Hänger ist ja nicht versichert oder angemeldet.

Bei den Polizeikontrollen, die es hier an jeder Ecke gibt (die Polizisten wollen ja auch leben), habe ich jeweils angekündigt, dass mein Hab und Gut im Zirkuswagen folgen würde; so sind wir ohne Zwischenfälle bis auf unser Grundstück gekommen. Die durcheinandergewürfelten Kisten auszupacken und den Inhalt in richtige Regale zu stellen, war wie eine Weihnachtsbescherung.

Jetzt führe ich ein Leben, das so geregelt ist wie selten. Das möchte ich auch – wenn möglich – beibehalten. Meinem Alter entsprechend tut es gut, ruhiger und besonnener zu werden. Ich schlafe jetzt zum Beispiel jede Nacht in demselben Bett.

Langweilig und einsam ist es hier trotzdem nicht: Zurzeit wohnen sechs Massaimädchen bei mir. Sie sind zwischen zwölf und fünfzehn Jahre alt, gehen in verschiedene Schulen in Moshi, Arusha oder Monduli und haben gerade Weihnachtsferien bekommen. Einige reisen von hier aus weiter in die Steppe, andere wollen die Ferien lieber nicht in ihrem Boma, sondern bei mir verbringen. Dort wartet nämlich die Zwangsheirat auf sie und auf die, die noch nicht beschnitten sind, auch dieses schreckliche Ritual, das sie zur Frau machen soll. Manche stecken in einer furchtbaren Klemme: Ihr Vater hat den Brautpreis schon über viele Jahre in Raten erhalten, und wenn seine Tochter sich jetzt weigert, eine der Ehefrauen des (meistens schon älteren) „Verlobten" zu werden, muss der Vater alle Rinder zurückzahlen. Das kann er aber oft nicht. Und er will es natürlich auch nicht. In einigen Fällen, die nicht anders zu lösen waren, habe ich in den letzten Jahren den Brautpreis selbst bezahlt, damit der Verlobte keine Forderungen mehr stellte. Aber das kann ich natürlich nicht bei allen Mädchen machen, und es ist ja auch keine grundsätzliche Lösung des Problems. Die kann nur durch eine Veränderung der Herzen gefunden werden.

Zurzeit blitzt mein Haus übrigens nur so, denn meine „Massaitöchter" stehen unaufgefordert um sechs Uhr auf, putzen, waschen, kochen, kaufen ein …, und ich nehme unter anderem an einem Computerkurs teil und weiß jetzt, was dialog box, option button und scroll bar bedeutet!

Zwei Bibelverse sind mir für unsere Zukunftsplanung oft in den Sinn gekommen. Der erste steht in Psalm 127,1: „Wenn der Herr nicht das Haus baut, so arbeiten umsonst, die daran bauen." Der zweite in Apostelgeschichte 5,38-39: „Ist dieses Vorhaben oder dies Werk von Menschen, so wird's untergehen; ist es aber von Gott, so könnt ihr es nicht vernichten."

Ihr dürft mich beneiden um mein schönes Leben! Gott beschenkt uns reichlich und gibt über Bitten und Verstehen. Seid seiner Güte anbefohlen!

Angelika

Das „Vorhaben" oder das „Werk": Es wächst, gedeiht und scheint sich durch nichts aufhalten zu lassen. Missionsfreunde sehen Gottes Segen über Angelikas Arbeit. „Nicht-Fromme" finden, dass sie eine besonders erfolgreiche und überzeugende Non-profit-Unternehmerin ist, deren Begeisterungsfähigkeit immer wieder genügend Sponsoren ansteckt. Wie man es sich auch erklären mag: Alle Projekte, die Angelika in Angriff nimmt, machen Fortschritte, finden Unterstützung, haben Erfolg – und bald auch Neider und Feinde.

Eines Abends fährt Angelika allein im Toyota Landcruiser durch das dunkle Arusha, als eine Kugel hinter ihrem Kopf die Seitenscheibe durchschlägt und durch die gegenüberliegende Scheibe das Auto wieder verlässt. Statt anzuhalten gibt Angelika weiter Gas. Wenn es ein Attentat war, hat sie es bereits überlebt. Wenn es ein Raubüberfall sein sollte, wartet der Schütze nur darauf, dass sie bremst, um ihr das Auto abzunehmen.

Erst als sie zu Hause aus dem Wagen steigt, merkt sie, dass ihre Knie zittern. Oder liegt das nur daran, dass sie von einer schweren Hepatitis noch geschwächt ist? Als sie in den Spiegel schaut, blickt ihr ein schmales, gelbliches Gesicht entgegen. Wollte man sie gezielt töten? Oder wäre sie nur beinahe das zufällige Opfer eines Überfalls geworden, wie sie hier fast jeden Tag geschehen? Und warum dauert es so lange, bis sie diese Hepatitis los ist?

Vielleicht bin ich wirklich gerade etwas abwehrschwach, sagt sich Angelika auf dem Weg ins Bett. Oder ich habe einfach nicht genug Geduld mit meinem eigenen Körper. Dass es manche Leute gerne sähen, wenn ich verschwinden und sie in Ruhe lassen würde, ist ja wohl ganz normal. Außerdem kann so ein Toyota, dem man im Dunkeln nicht ansieht, wie klapprig er ist, Räuber auf dumme Gedanken bringen. Vielleicht sind solche Erfahrungen ja auch das, was Paulus meinte, wenn er von „Anfechtungen" schrieb ...?

In Angelikas Gedanken und Gefühlen mischen sich Sorgen und eine große Dankbarkeit dafür, dass ihr Leben an diesem Abend bewahrt worden ist. Sie fühlt sich unruhig und erschöpft, aber hat auch die Gewissheit, dass ihr Weg im Augenblick schwierig, aber grundsätzlich doch richtig ist.

Es gibt auch Angriffe, bei denen es nicht gleich um Leib und Leben geht. Und doch stellen sie Angelikas Motivation und Widerstandskraft auf eine harte Probe. Eines Tages bekommt sie einen Brief. Er ist nicht an sie adressiert, aber er ist ihr über drei Ecken zugespielt worden.

„Angelika Wohlenberg nutzt ihre Arbeit und ihr Ansehen bei den Massai, um sich zu bereichern“, liest sie dort. „Sie missbraucht Spendengelder für ihre eigenen Zwecke, zum Beispiel im Diamantenhandel. Außerdem wildert sie und verkauft Felle und Trophäen geschützter Tiere. Mit dem Geländewagen ihres Hilfswerks fährt sie Safaris für europäische Touristen. In Dodoma, Nairobi und Daressalam unterhält sie Konten. Man sollte Menschen, die sie unterstützen, unbedingt darauf hinweisen, dass sie damit die Machenschaften einer betrügerischen Person fördern.“

Im ersten Moment muss Angelika laut lachen. Das ist ja hanebüchen! Wer schreibt denn so was!? Aber dann setzt sie sich erst einmal. Der das geschrieben hat, verfolgt einen Plan. Vielleicht ist er eifersüchtig, vielleicht gekränkt, vielleicht ist er generell gegen christliche Mission? Das kommt in Tansania selten vor, aber wer weiß? Der Schreiber wendet sich mit seinen Beschuldigungen an einflussreiche Stellen. Bei der Formulierung hat er sich sichtlich Mühe gegeben und dann noch eine beeindruckend aussehende Unterschrift samt Stempel darunter gesetzt. Angelika kann die Sache nicht einfach ignorieren. Die Verleumdung kann wie Honig an ihr kleben bleiben, wenn sie sich nicht wehrt. Wer schweigt, bejaht. Das vermutet man in Deutschland wie in Afrika. Und das bestätigt ihr auch Esther, der sie den Brief zeigt.

„Du musst etwas unternehmen“, sagt sie weinend. „Du kannst nicht immer ruhig bleiben.“

Angelika schickt ein Gebet zum Himmel und sagt sich: Auf in den Kampf! Sie muss also ihrerseits einen Brief aufsetzen, auch wenn sie lieber zwanzig Reifen wechseln würde, als einen wohlformulierten Brief zu schreiben.

Der Assistent des Bischofs und der Chef des Gesundheitsdienstes der Diözese schreiben sofort an alle Stellen, die den Brief erhalten haben, und stellen die Sache klar. Der Schreiber des Briefes wird bald entlarvt: Es ist ein Mitarbeiter der mobilen Klinik, der bereits durch mehrere Diebstähle aufgefallen ist. Er verlässt das Team, und der Fall ist abgeschlossen.

Schon immer hatte Angelika viele Gäste, auch beim „Steppen-Camping“ und selbst im Postwagen. Aber jetzt, wo sie ein nahezu bürgerliches Leben in einem richtigen Haus führt, müssen die nicht mehr ängstlich dem Löwengebrüll vor dem Zelt lauschen oder auf Schlangen und Skorpione achten, wenn sie nachts raus müssen. Angelika findet das ein bisschen schade, aber nicht jeder vermisst diese Art von Abenteuern.

Manche Gäste wollen einfach Angelikas Arbeit kennen lernen, andere machen ein Freiwilliges soziales Jahr, und neuerdings ist „Help for the Massai“, wie ihr Projekt inzwischen heißt, auch als Stelle für deutsche Zivildienstleistende anerkannt. Auch einige von Angelikas 26 Nichten und Neffen sind inzwischen erwachsen und besuchen ihre „ausgeflippte“ Tante in der Steppe.

Immer wenn ein junger Erwachsener anreist und eine Einführung ins afrikanische Leben bekommt, macht Angelika eine Beobachtung, die sie gleichzeitig freut und bedrückt: Wie hoch wird das Leben jedes einzelnen Menschen in Europa geschätzt! Da kommen junge Leute, die eine lange, anspruchsvolle Ausbildung hinter sich haben. Gegen alles nur Erdenkliche, das ihnen in Afrika zustoßen könnte, sind sie versichert und geimpft. Eltern, Großeltern und Geschwister sorgen sich um sie und nehmen, so oft es geht, Kontakt auf.

Wenn Angelika mit ihnen im Geländewagen über die Steppenpisten brettert, weiß sie, welches Vertrauen in sie gesetzt wird, und spürt die Last der Verantwortung für diese kostbare „Fracht“. Und dann rennt auf einer ihrer ersten gemeinsamen

das Internatsgebäude in Kwa Ngulelo

Fahrten ein Hund auf der Teerstraße nach Moshi vor das Auto, das ihnen vorausfährt. Sie hören den Schlag, sehen den Hund, der zur Seite geschleudert wird – und fahren weiter. Angelika erklärt den Mitfahrern, dass hier niemand für einen toten Hund anhält. Kein Besitzer wird ihn vermissen oder gar begraben. Hyänen und Geier werden den Kadaver von der Straße räumen. Die jungen Leute sind entsetzt und erzählen Geschichten von ihren Haustieren, die einen Namen haben und wie Familienmitglieder behandelt werden.

Doch der nächste Schock ist noch größer: Einige Kilometer weiter sehen sie einen Wagen, der offensichtlich von der Fahrbahn abgekommen ist und sich überschlagen hat. Die toten Insassen werden gerade auf die Ladefläche eines Pick-up geladen. Ihr Gepäck und alles, was sie eventuell an Geld am Leib trugen, ist bereits verschwunden. Vielleicht haben sich die herbeigelaufenen Schaulustigen bedient, vielleicht haben auch ein paar Polizisten ihr Gehalt aufgebessert. „Wer sich nicht wehren kann, ist nichts mehr wert. Egal, ob er nur verletzt oder schon tot ist. Er besitzt keine Würde“, muss Angelika ihren Gästen erklären. Der Rest der Fahrt verläuft schweigend.

Eines Tages kommt ein Gast schwankend und seltsam benommen von einem Ausflug in die Stadt nach Kwa Ngulelo zurück. Bevor er in den Bus gestiegen ist, hat er eine aufgeschnittene Orange von einem Straßenhändler gekauft und gegessen. Kaum saß er im Bus, war er schon eingeschlafen. Als er aufwachte, waren sein Geld und seine Uhr weg. War es eine genau berechnete Dosierung des Giftes in der Orange oder blanker Zufall, dass er überhaupt noch aufgewacht ist? Ein Menschenleben ist für die „Orangenbande“ nicht mehr wert als ein gefülltes Portemonnaie.

„Iss nur, was du selbst geschält oder aufgeschnitten hast, oder was du von einem Menschen bekommst, den du kennst und dem du vertraust“, ist fortan eine der ersten Lektionen für alle Afrika-Neulinge.

An einem schwülen Januarabend im Jahr 1999 hält sich Angelika mit zwei afrikanischen Mitarbeitern und zwei deutschen Praktikantinnen im Internat auf. Es ist seit gut einer Stunde dunkel und jeder erledigt die letzten Dinge, die an diesem Tag noch zu tun sind. Plötzlich stehen vier Männer im Gemeinschaftszimmer. Einer trägt ein Maschinengewehr, einer hat eine Pistole, die beiden anderen sind unbewaffnet. Keiner der vier trägt eine Maske. Direkt neben Angelika geben sie einen Warnschuss ab – die Kugel bleibt in der Wand stecken. Offensichtlich wissen sie, wer Angelika ist, denn gleich nach dem Schuss gehen sie auf sie zu und fesseln sie, die Hände auf den Rücken verdreht. Dann weisen sie die afrikanischen Männer und die beiden Mädchen an, sich mit dem Gesicht nach unten auf den Boden zu legen. Der Mann mit dem Maschinengewehr bleibt neben ihnen stehen und warnt sie: „Wehe, ihr rührt euch!"

Der ist nicht ganz nüchtern, so wie der spricht, denkt Angelika, aber sie weiß nicht, ob das ihre Chancen, lebend davonzukommen, vergrößert oder verkleinert. Alle vier Räuber machen einen äußerst nervösen Eindruck, reden durcheinander und fuchteln mit den Waffen herum. Als sie sich vergewissert haben, dass die vier ganz ruhig liegen bleiben, wirft der Mann mit der Pistole Angelika ein paar Mal zu Boden, um sie einzuschüchtern, und zwingt sie dann, ihn zu ihrem Safe zu führen. Der befindet sich in ihrem Schlafzimmer, und die beiden steigen die Treppe hinunter, Angelika voran, der Bewaffnete hinter ihr her. „Wir töten dich! Wo ist das Geld?", sagt er immer wieder.

Angelikas Hände werden losgebunden, damit sie den Safe öffnen kann. Bargeld, einige Wertgegenstände, alles landet in einer Plastiktüte. Dann geht es weiter: Laptop, Drucker, Videoprojektor, Angelikas Kamera und die der Praktikantinnen, Motorradhelm und Lederjacke, schließlich das Motorrad selbst … Angelika rechnet still mit. Die Räuber dürften jetzt bei etwa 18.000 D-Mark sein. Der Wert aller Adressen, die im Laptop stecken, der E-Mails und sonstiger Daten lässt sich nicht in Geld ausdrücken. Aber Angelika macht den Männern weitere Angebote. Könnten sie nicht auch den Heißwasserbereiter gebrauchen? Oder die Kanister dort? Und möchten sie vielleicht einen Tee trinken? Hauptsache, sie tun den Praktikantinnen nichts an.

Doch die Räuber wollen keinen Tee und nichts für den Haushalt.

„Sag uns, wo der Wagen steht!"

„Er ist nicht hier. Er ist in der Steppe unterwegs."

„Dann kommen wir morgen wieder."

„Um wie viel Uhr wollt ihr kommen?"

Der Mann mit der Pistole schaut Angelika irritiert an. Die Coolness dieser Frau ist nicht zu fassen.

Angelika weiß, dass der teure Geländewagen bereits auf dem Weg nach Kwa Ngulelo ist. Jeden Moment kann er in den Hof einfahren. Dann ist auch er verloren. Hoffentlich hat er Verspätung! Hoffentlich hält ihn irgendetwas auf!

Die Männer sind einen Moment lang unentschlossen, aber dann fällt ihnen etwas ein: „Wo ist der Fernseher? Wir bringen dich um, wenn du ihn nicht rausrückst!“ Als sie alles durchsucht haben, ohne einen Fernseher zu finden, lässt der Mann mit der Pistole dennoch die Waffe sinken. „Ihr bleibt, wo ihr seid. Wir gehen. Wenn ihr euch rührt, bringen wir euch doch noch um“, ist seine letzte Drohung. Dann verschwinden die vier in der Dunkelheit.

Zwanzig Minuten später fährt der Geländewagen in den Hof ein.

Angelika schreibt wenige Tage später in einem Brief an ihre Freunde:

Während der ganzen Zeit wusste ich mich in Gott geborgen. Alles, was gestohlen wurde, war ja Gottes Eigentum. Ich war bereit zu sterben, weil Jesus mich aufnehmen würde. Ich überlegte, wie es wohl wäre, jetzt zu sterben. Hatte ich auf dieser Erde noch etwas gutzumachen? Mir fiel einiges ein.

Für mich selbst und auch für die Räuber völlig unbegreiflich war, dass ich gar keine Angst hatte. Sie versuchten immer wieder, mich einzuschüchtern, aber je mehr sie drohten, desto ruhiger wurde ich. Meine Leute lagen oben zusammengekauert und überlegten, was wohl dort unten mit mir passierte. Als alles vorbei war, weinten sie laut. Ich benachrichtigte die Nachbarn. Dann sangen wir und beteten und dankten Gott für die Bewahrung. Bei der Polizei gab ich einen Bericht ab. Sie nahmen ein Protokoll auf. Sonst passierte nichts weiter.

Inzwischen habe ich viele Beileidsbesuche und -bekundungen entgegengenommen. Man nimmt Anteil an unserem Los.

Trotz aller Widerstände: Kwa Ngulelo entwickelt sich von Angelikas Wohnort und persönlicher „Schaltzentrale“ zu einer Anlaufstelle für viele Massaikinder und schließlich zu einem richtigen Internat. Hier können sie nach dem Unterrichtsbesuch in der Stadt essen, Hausaufgaben machen und schlafen. Das heißt aber auch: Die Kinder müssen betreut werden. Jemand muss ihre Hausaufgaben beaufsichtigen. Sie brauchen warme Mahlzeiten und saubere Räume, auch wenn afrikanische Kinder gewohnt sind, sich um vieles selbst zu kümmern. Und wenn ein Kind krank wird? Oder der Vater plötzlich vor der Tür steht, weil er will, dass sein Kind zu Hause die Kühe hütet, statt in der Stadt „nutzlos in der Schule herumzusitzen“?

Schnell wird klar: Angelika kann das nicht alles leisten. Und auch die afrikanischen Mitarbeiter sind mit der Fülle und Art der Aufgaben überfordert. Wie sollen sie zum Beispiel bei Englisch-Hausaufgaben helfen, wenn sie selbst diese Sprache nur bruchstückhaft gelernt haben?

Ein Jahr nach dem Überfall bekommt Angelika Verstärkung von einer Frau, die bereits ein Internat geleitet hat. Jahrelang und an einem Ort, der ebenfalls starke Nerven fordert: im Libanon. Jutta Roedig kommt aus Schwabach in Franken, ist so alt wie Angelika und kennt Tansania schon sehr gut, denn als Pädagogin hat sie vier Jahre lang im Internat der Bayerischen Mission in Moshi eine leitende Aufgabe gehabt. Im Januar 2000 holt Angelika Jutta vom Flughafen ab, und als wäre ihre große, blonde Gestalt in dem übersichtlichen kleinen Flughafengelände nicht ohnehin problemlos auszumachen, lässt Angelika ihren berühmt-berüchtigten Kriegerschrei los. Das erste Zusammentreffen mit einer neuen Chefin stellt man sich anders vor.

Die Begrüßung in Kwa Ngulelo ist herzlich, die Kinder finden es wunderbar, dass sie jetzt eine zweite „Mama Massai“ haben. Und das ändert sich auch nicht, als sie merken, dass Jutta ganz anders ist als die wilde Sister. Nicht so verrückt, spontan und immer auf Achse. Dafür gut organisiert, vernünftig, immer erreichbar. Angelika hat den Jungen beigebracht, wie man über den Balkon ins Haus klettert. Jutta gewöhnt es ihnen wieder ab.

Nach drei Monaten schreibt Angelika an ihre Freunde:

Jutta ist da!

Auch wenn sie mal nicht da ist, weil sie mit den Internatskindern Schularbeiten macht oder auf dem Markt einkauft oder mit dem Fundi über neue Möbel spricht, merkt man ihre Gegenwart. Besucher betreten staunend das Haus: Angelika, was ist denn mit dir los? Bist du Hausfrau geworden?

Es kommen allerdings nicht mehr so viele Besucher. Am Anfang war ich traurig und dachte: Darf ich nicht mehr Angelika sein? Inzwischen bin ich dankbar für die Ruhe im Haus. Die Essensvorräte halten länger vor, das Chaos ist verschwunden (sage ich!). Diese Meinung ist natürlich relativ. Jutta denkt immer noch, es sei viel los. Aber jetzt kommen wirklich nur noch die Gäste mit echtem Kummer. All die Leute, die die Gunst der Stunde nutzen wollten, weil es hier ja immer umsonst etwas zu essen gab, sind von der Bildfläche verschwunden.

Angelika wäre nicht Angelika, wenn sie nicht jetzt, wo in Kwa Ngulelo alles in guter Obhut ist, eine neue Idee verfolgen würde: In Malambo, einem kleinen Ort in der Nordsteppe, gibt es bereits verschiedene christliche Gemeinden. Die Leute leben jedoch nach wie vor von der Welt isoliert. Es gibt nur eine Kiswahili Primary School, in der hundert Kinder eine Klasse bilden und vom überforderten Lehrer oft unter freiem Himmel unterrichtet werden.

Bei der medizinischen Versorgung sieht es ähnlich trostlos aus. Eine Fahrt von Arusha nach Malambo dauert bei gutem Zustand der Straßen etwa neun Stunden, in der Regenzeit ist sie ein kaum kalkulierbares Abenteuer. Von Arusha geht es hoch in die Berge und, wenn der Anstieg geschafft ist, am berühmten Ngorongoro-Krater entlang. Dann weiter in die Serengeti hinein und schließlich zwischen dem „Vogeltal", in dem Michael Grzimek in den fünfziger Jahren abstürzte, und dem Lake Natron hindurch. Das ist ein ausgetrockneter Salzsee und einer der heißesten Flecken der Erde. Nicht mehr weit von der Grenze zu Kenia erreicht man endlich Malambo. Selbst mit „Radio Call" ausgestattet, der Funkeinrichtung, die Angelika neuerdings im Auto installiert hat, macht man so eine Fahrt nicht häufiger als dringend notwendig.

In Malambo etwas ausrichten kann Angelika also nur, wenn sie sich darauf einlässt, wenigstens wochenweise dort zu bleiben. Aber soll sie das wirklich machen? Fort von Strom und Wasser, weg von einem Haus, das seit dem Überfall sogar eine Alarmanlage hat und das demnächst, wenn die afrikanische Telekom es will, sogar einen Telefonanschluss bekommen wird? Ist das ein erneuter Ausbruch von Abenteuerlust? Oder der Ruf Gottes, der sie zu einer neuen Aufgabe führen will? Es ist sicher auch Mitleid mit den vielen jungen Frauen, die sterben, weil das nächste Krankenhaus unerreichbar weit ist, eine Geburt aber mit einem Kaiserschnitt glücklich zu Ende gebracht werden könnte. Mitleid auch mit all den Kindern, die als Besitz betrachtet, geschlagen und missbraucht werden. Angelika hält die verschiedenen möglichen Beweggründe nicht auseinander. Aber was macht das schon?

Die wilde Heilige überlegt, berät sich mit Freunden in Afrika und in Deutschland, spricht mit Förderern ihrer Arbeit – und bekommt nach einigem Hin und Her von allen Seiten grünes Licht.

Ein schrecklicher „Zwischenfall" zeigt ihr bald darauf, dass die „Malambo-Sache" nichts von einem sportlichen Abenteuer haben wird: Isack, ein junger Mann aus Engasmet, dem Angelika das Fahren beigebracht hat, sitzt zusammen mit John, einem Pastor aus Malambo, zwei Männern, zwei Frauen und vier holländischen Gästen im Geländewagen auf der Fahrt von Malambo nach Arusha, als auf den Wagen geschossen wird. Isack hält an, eine Gruppe von Somalis stürzt aus dem Busch auf das Auto zu, reißt die Türen auf und zerrt sofort den schwarzen Pastor, der neben dem Fahrer sitzt, aus dem Wagen. Er wird auf der Stelle erschossen, vor den Augen aller Mitreisenden. Die müssen sich jetzt auf den Boden legen. Alles, was von Wert ist, wird ihnen abgenommen. Dann lassen die Banditen die vier Weißen wieder ins Auto einsteigen, springen selbst mit hinein und rasen von der Piste fort in den Busch.

Doch sie kommen nicht weit: Der Wagen hat eine Anti-Hijack-Einrichtung und bleibt nach kurzer Fahrt stehen. Die Somalis verschwinden, die Holländer versuchen erneut, das Auto zu starten. Vergeblich. Noch unter Schock laufen sie stundenlang durch den Busch, bis sie ein Boma erreichen, in dem sie endlich Schatten finden und mit Tee bewirtet werden.

Isack ist inzwischen vier Stunden lang zu Fuß und ohne Trinkwasser zurück nach Malambo gelaufen, um Angelika zu benachrichtigen. Die sammelt ein paar Männer der Bürgerwehr, die sich zum Schutz gegen die Somalis gebildet hat, und fährt mit einem LKW an den Unglücksort. Auf dem Weg treffen sie Krieger, die ihnen sagen, wo die holländischen Gäste sind. Angelika und die Männer finden Johns Leiche und legen sie auf die Ladefläche. Als sie oben stehen, entdecken sie den verlassenen Geländewagen. Während die Bürgerwehr sich aus Angst vor einem zweiten Überfall zurückhält, holt Angelika das Auto. Jetzt bleibt nur noch die traurige Aufgabe, die Witwe zu informieren. Per Funk wird die Diözese benachrichtigt. Die schickt zwei Frauen, die ebenfalls Witwen sind.

Jutta ist erst zwei Monate in Kwa Ngulelo, als das Verbrechen geschieht. Der Beileidsbesuch bei der Witwe ist ihre erste Reise nach Malambo. An ihre Freunde schreibt sie:

Wir erfuhren von dem Überfall über Radio call und fühlten uns hier in Kwa Ngulelo ziemlich hilflos. Aber zu wissen, dass wir hier so

„Hausbesuch" im Boma (links Loserian) / Foto: AW

Gottesdienst in Malambo / Foto: HS

Yona mit seiner Frau und dem jüngsten Kind / Foto: AW

beim Gesundheitsunterricht / Foto: Jan-Philipp Strelow

Kindersprechstunde / Foto: Loserian Ngoyaya

eine alte Massaifrau / Foto: HS

Milch für den Tee / Foto: AW

am Ruvu / Foto: HS

wie auch dort füreinander beten können, stärkte uns. Außerdem machte ich zusammen mit unseren weiblichen Angestellten noch vor der Beerdigung einen Trauerbesuch bei der Witwe des erschossenen Pastors. Es war beeindruckend, wie viele Frauen in dem kleinen Lehmhaus – die Männer saßen im Freien – zusammengekommen waren, um ihren Schmerz und ihre Trauer auszudrücken. Wir saßen auf Matratzen, Säcken und Kangas (bedruckten Tüchern) am Boden. Während meines ganzen Besuches saß die etwa vierjährige Tochter der schwangeren Pastorenwitwe auf meinem Schoß und erzählte mir von ihrem Vater und warum die Mutter jetzt so traurig sei. Ich glaube, so wie dieses Mädchen mich brauchte, genauso brauchte ich sie, um mich an etwas „festzuhalten". Das Weinen und Wehklagen der Frauen berührte mich sehr.

Johns Frau ist im vierten Monat schwanger. Im August bringt sie einen gesunden Sohn auf die Welt. Sie gibt ihm den Namen Bariki – Segen.

Der Pastor ist nicht der Einzige, der bei Raubüberfällen der Somalis in und um Malambo ermordet worden ist. Insgesamt zehn, zum Teil ungeheuer brutale Morde sind gemeldet worden, und jetzt ist es nicht mehr nur die örtliche Polizei, sondern der Staat Tansania, der sich für die Sache interessiert. Und er greift ein. Aus Daressalam werden Soldaten geschickt, die eine regelrechte Jagd auf Somalis machen. Eine unbekannte Zahl von Männern wird erschossen, andere fliehen über die Grenze nach Kenia, dann ist Ruhe. Grabesruhe.

Angelika sitzt vor ihrem Computer und schreibt den „Quarterly report" für die tansanische Regierung, der sie Rechenschaft über ihre Arbeit geben muss, als ein Besucher an ihren Schreibtisch tritt: „Der Mann, der John ermordet hat, ist gefunden worden", erzählt er. „Er war nicht mehr auf tansanischem Gebiet, sondern schon am kenianischen Ufer vom Lake Natron. Schwer krank war er, hat mir jemand erzählt. Keine Ahnung, weshalb es ihm so schlecht ging. Vielleicht ist er ja von Soldaten angeschossen worden. Auf jeden Fall hat er sich noch einige Tage durch den Busch geschlagen, dann ist er gestorben."

Das geschieht ihm recht, ist der erste Gedanke, der Angelika durch den Kopf schießt. Doch sofort wird ihr auch etwas anderes klar: Die Soldaten haben Gewalt mit Gewalt beantwortet. Mit Gerechtigkeit hat das nichts zu tun. Jedenfalls nicht mit der, die sie hier predigt. Gottes Art von Gerechtigkeit hat Jesus dazu geführt, dem Verbrecher, der neben ihm am Kreuz starb, das Paradies zu versprechen. Und gleich darauf kommt ihr noch ein anderer Gedanke: Was hätte sie selbst wohl getan, wenn sie Johns Mörder in diesem Zustand am Salzsee gefunden hätte?

„Danke, dass du extra gekommen bist, um es mir zu erzählen", sagt sie zu ihrem Gast. „Komm, wir gehen rüber zu Jutta und beten gemeinsam für die Familie des Mörders und für alle Somalis, die Angehörige verloren haben. Und besonders für alle, die noch auf der Flucht sind."

7
Kinder, Kinder!

„Habari – da bin ich wieder!“ Es ist Abend, und Angelika tritt mit Schwung in das kleine Steinhaus, das ihr seit einigen Monaten als Zweitwohnsitz in Malambo dient. Sie hat noch die Klinke in der Hand, als sie merkt, dass hier irgendetwas nicht stimmt. Loserian, ein afrikanischer Mitarbeiter, sitzt am Tisch und schaut stirnrunzelnd zu ihr hoch, sagt jedoch kein Wort. Mitten im Raum steht ein älterer Mann, der ihr einen kurzen, finsteren Blick zuwirft. Er zittert, offensichtlich vor Wut, die Adern an seinem Kopf treten deutlich hervor. Vor ihm, an die Wand gedrückt, steht ein etwa vierzehnjähriges Mädchen. Sie muss schon seit einer Weile geweint haben, ihr Gesicht ist ganz nass. Plötzlich schreit sie laut: „Nein! Ich gehe nicht mit! Niemals!“

Der Mann tritt auf sie zu, fasst sie fest am Handgelenk und versucht, sie von der Wand wegzuzerren. Aber als er merkt, dass Loserian und die völlig verdatterte Angelika ihm zusehen, lässt er wieder von ihr ab. Offenbar ist es ihm peinlich. Es scheint, als liege ihm etwas auf der Zunge, aber dann atmet er nur schwer, ringt sichtlich um Fassung, zögert – und nimmt schließlich seinen Stock, das Zeichen des Kriegers, und zertritt ihn voller Wut mit dem Fuß, so dass er in zwei Teile zerbricht. Alle, die dabei stehen, wissen, was das bedeutet: Er hat das Mädchen verflucht. Mit großen Schritten verlässt er das Haus. Draußen hat sich inzwischen eine ganze Gruppe von Neugierigen gesammelt. Erschrocken machen sie ihm Platz.

Nanoto heißt das Mädchen, das auf diese Weise Angelika „vor die Füße fällt". Während die Leute, die das Geschehen nur von draußen verfolgt haben, ins Haus hereinströmen, erzählt sie schluchzend, dass der Mann, der sie verflucht hat, ihr Vater ist. Ein Raunen und Tuscheln geht durch die Menge. Etwas Schlimmeres, als vom eigenen Vater verflucht zu werden, kann sich niemand vorstellen. Er wollte sie noch heute zu dem Mann bringen, den sie heiraten soll. Seit Jahren schon hat der den Brautpreis in Raten, das heißt Rind für Rind, bezahlt. Jetzt ist die vereinbarte Summe erreicht, und die Heirat ist „fällig".

Nanoto kennt ihren Verlobten von ferne, aber sie haben noch nie ein Wort miteinander gewechselt. Sie kann noch nicht einmal sagen, dass sie etwas gegen ihn hat. Sie weiß nur, dass sie weiter zur Schule gehen will. Vor ein paar Tagen hat sie die Primary School abgeschlossen, nach den Ferien will sie zur Secondary School gehen. Das tansanische Recht ist auf ihrer Seite, das weiß sie. Deshalb ist sie auch schon ein paar Mal zu den Regierungsbeauftragten im Dorf gegangen. Aber die sind „ganz normale Massaimänner" und haben für ihren Vater vollstes Verständnis. Und die Bantus, die im Dorf leben und in einer anderen Tradition groß geworden sind, haben von ihrem Vater vorsorglich Bestechungsgeld oder eine Ziege erhalten.

Angelika nimmt Nanoto in die Arme und flüstert ihr zu: „Ich helfe dir. Wir schaffen das. Du gehst bald weiter zur Schule." Wenn sie es laut sagen würde, hätte sie sofort alle Männer des Dorfes gegen sich. Aber bei dem Lärmpegel, der inzwischen im Haus herrscht, hört es zum Glück niemand. Inzwischen ist nämlich eine heftige Diskussion über Gehorsam und Widerstand ausgebrochen. Die meisten raten Nanoto eindringlich, ihrem Vater zu gehorchen, und warnen sie vor den schrecklichen Folgen, die ein Fluch haben kann. Ein Kind ist Eigentum des Vaters, nicht anders als eine Kuh oder eine Frau. Daran gibt es nichts zu rütteln. Nur einige wenige finden, dass die Schulpflicht, die der Staat eingeführt hat, höher steht als der Wille des Vaters.

Eine gute Stunde geht die Diskussion hin und her, dann schickt Angelika alle Leute nach Hause. Nur Nanoto soll heute Nacht bei ihr bleiben; morgen wollen sie weitersehen.

Als sich das Haus geleert hat, machen Angelika und Nanoto sich erst einmal etwas zu essen. Dann beten sie für Nanotos Vater und ihre ganze Familie und bitten um Weisheit und um Bewahrung in dieser Nacht. Morgen muss Angelika zu einem unaufschiebbaren Termin nach Arusha fahren. Für die Zeit ihrer Abwesenheit will sie Nanoto ganz offiziell in die Obhut der Dorfältesten geben. Dafür wird sie ihnen versprechen, nach ihrer Rückkehr selbst mit dem Vater zu sprechen und die Dinge so zu regeln, dass niemand sich übervorteilt fühlt. Wie auch immer sie das anstellen wird.

Der nächste Tag beginnt gut: Die Krieger erklären sich tatsächlich gleich früh morgens und ohne langes Palaver mit dieser Regelung einverstanden. Sie wollen auf Nanoto aufpassen, bis die Sister wiederkommt. Beruhigt macht sich Angelika auf den Weg.

Doch es gibt auch eine andere Gruppe von Kriegern. Kaum ist es an diesem Abend dunkel geworden, schleicht sich Nanotos Mutter zu ihrer Tochter. Sie sieht sehr ernst aus und hat Tränen in den Augen: „Geh!“, ist alles, was sie sagt. „Dein Vater hat schon Krieger versammelt.“

Nanoto versteht sofort, was das bedeutet: Sie soll noch in dieser Nacht entführt werden. Dann werden die Krieger sie auspeitschen, weil sie nicht gehorsam war. Danach werden sie sie zu ihrem Ehemann bringen. Wenn sie fliehen will, dann muss sie es sofort tun. In ein paar Stunden ist es zu spät. Und wenn sie ihre Mutter bei ihr erwischen, werden sie zusammen ausgepeitscht.

Nanoto sagt kein Wort. Sie nickt nur, wirft ihrer Mutter

einen kurzen, ernsten Blick zu und läuft dann auf die Straße, hinaus aus Malambo. Nach ein paar Kilometern Fußmarsch strahlen Scheinwerfer sie von hinten an. Ausgerechnet die tansanische Frauenrechtsbeauftragte einer Nicht-Regierungs-Organisation und ihr Fahrer sind noch zu später Stunde unterwegs. Sie nehmen Nanoto bis nach Karatu mit, die Frau zahlt ihr Essen und ihre Unterkunft und setzt sie am nächsten Morgen in einen Bus nach Arusha. Dann ruft sie Angelika an, damit sie Nanoto am Busbahnhof in Empfang nimmt.

Angelika weiß nicht, ob sie sich freuen, ärgern oder fürchten soll. Sicher sind inzwischen von Malambo aus Suchtrupps in alle Richtungen unterwegs. Muss sie das Mädchen jetzt verstecken? Nein, das wäre keine Lösung, jedenfalls nicht für mehr als ein paar Tage. Ziel soll doch sein, den Vater für die Pläne seiner Tochter zu gewinnen. Angelika beschließt, in die Offensive zu gehen, und funkt nach Malambo: „Nanoto ist auf dem Weg zu mir. Ihr braucht sie nicht länger zu suchen."

Der Vater und die Krieger, die auf seiner Seite stehen, haben bereits die ganze Nacht gesucht und sind auch in Angelikas Haus eingedrungen. Die Massai kennen weder eine Privatsphäre noch Geheimnisse voreinander. Sie fühlen sich also vollkommen im Recht, auch wenn sie alles, was Angelika gehört, durchwühlt und durcheinander geworfen haben. Nanoto ist weg. Es ist ein Skandal.

Die Geschichte der Flucht beschäftigt die Gemüter noch Wochen lang. Dass die Sister sich in eine solch heikle Angelegenheit gemischt hat, finden viele unerträglich. Angelika sucht währenddessen bereits nach einem Paten für Nanoto, die eine sehr begabte Schülerin ist. Wenige Wochen später schreibt sie an ihre Freunde:

Wie ich befürchtet habe, nimmt man mir sehr übel, dass ich mich als Weiße in Fragen der Kultur gemischt habe. (Dass Nanoto aus eigenem Antrieb zu mir gekommen ist, haben sie geflissentlich über-

sehen.) Trotzdem ist mir ein befreites Mädchen wichtiger als mein Ruf. Es gibt inzwischen auch ein Happy End, jedenfalls aus unserer Sicht der Dinge: Nanoto ist seit einigen Wochen in einer privaten Secondary School in Digodigo im Sonjoland. Ihr Widerstand hat sich gelohnt. Wir haben Freunde gefunden, die ihre Schulausbildung zahlen wollen. Sie ist sehr glücklich und hat uns versprochen, dass sie eines Tages ihren Eltern helfen will, wenn sie einen Beruf erlernt hat und Geld verdient.

Nanotos Flucht hat ihr nicht nur den Weg zu einer guten Schulbildung geebnet, sie hat ihr auch eine schreckliche und schmerzhafte Erfahrung erspart, zumindest für die nächsten vier Jahre: Nanoto hätte vor der Hochzeit noch beschnitten werden müssen, denn das war sie noch nicht. Dieser Eingriff wird bei den meisten Mädchen gleich nach der ersten Monatsblutung vorgenommen.

Die Beschneidung von afrikanischen Mädchen hat so gut wie nichts mit der unaufwendigen und gesundheitlich fast folgenlosen Beschneidung jüdischer oder muslimischer Jungen zu tun. Sie ist ein brutaler Akt und wird deshalb von Menschenrechtsorganisationen seit einigen Jahren auch nicht mehr „Beschneidung", sondern „genitale Verstümmelung" genannt. Eigentlich ist sie in Tansania seit 1998 verboten, und im Landesdurchschnitt sind es auch „nur" etwa ein Fünftel aller Frauen, die heute noch beschnitten sind.

Bei den Massai jedoch gibt es nach wie vor so gut wie keine Frau, die sich dem Druck widersetzen kann. Wie sollte eine unbeschnittene Frau denn einen Mann finden? Wer wäre schon bereit, für sie einen guten Preis oder auch nur eine einzige Kuh zu zahlen? Kein echter Massai, der etwas auf seine Kultur hält. Der Vater würde auf ihr wie auf einem Ladenhüter sitzen bleiben, müsste sie weiter in seinem Boma behalten und ernähren. Auf Dauer unverheiratet zu bleiben, ist bei den Massai keine denkbare Möglichkeit. Jede Frau wird verheiratet, und wenn sich nichts anderes arrangieren lässt, dann wird sie eben die zusätzliche Ehefrau eines alten und blinden Kriegers.

Oft sind es sogar die Mädchen selbst, die auf die Beschneidung drängen. Beschnitten zu sein, bedeutet dazuzugehören, eine echte Frau zu sein, Kinder bekommen zu können. Ein beschnittenes Mädchen muss sich nicht mehr von jedem jungen Krieger in den Busch schleppen lassen, sie darf selbst bestimmen, ob und mit wem sie schläft – bis zum Tag der Hochzeit. Dann bestimmt der Ehemann über sie, jedenfalls in der Theorie, denn die eheliche Untreue ist auf beiden Seiten groß. So oder so, die Mädchen blicken erwartungsvoll dem Tag entgegen, an dem sie eine „Eingeweihte" werden, eine Frau, die das erlebt hat, was alle anderen auch erlebt haben. Mit welch grausamen Schmerzen dieses Erlebnis verbunden ist, dürfte den meisten Kindern dabei kaum klar sein.

Die Beschneidung eines Mädchens ist ein Fest – für alle außer der Betroffenen. Die Familie isst und tanzt, während einige ältere Frauen mit ihr in die Hütte gehen. Die Kuhhaut, die als OP-Tisch dienen muss, wird nah an den Eingang gelegt, damit genug Licht auf das Mädchen fällt. Eine Frau stützt das Mädchen von hinten, die Großmutter oder eine andere erfahrene Frau kniet auf der Erde vor ihr. Wenn der Bräutigam es möchte, kann er zusehen. Die Beschneiderin nimmt nun eine Rasierklinge und entfernt die inneren Schamlippen und die Klitoris an einem Stück. Eine Betäubung kennen die Massai nicht. Dennoch darf das Mädchen noch nicht einmal schreien, denn eine Frau, die bei der Beschneidung schreit, ist selbst schuld, wenn ihr erstes Kind bei der Geburt stirbt. Jedes Mädchen weiß das und fühlt zusätzlich zu den grauenvollen Schmerzen die Last der Verantwortung für das Leben und die Gesundheit ihres ersten Kindes.

Wenn die Operation vorbei ist, werden die Blutungen nicht

gestillt, und die Wunde wird auch nicht genäht. Sie wird nur „gereinigt“ – mit etwas Milch. Man hofft einfach, dass das Kind nicht verblutet. Das ist alles. Wenn die Blutungen einmal besonders stark sind und die Frauen oder der Bräutigam Angst bekommen, das Mädchen könnte doch verbluten, rufen sie – die Sister. Ja, sie rufen tatsächlich Angelika, von der sie doch wissen, dass sie mit aller Kraft gegen genau dieses Ritual kämpft! Sie wissen eben auch, dass sie ihre Hilfe niemals verweigern würde und schon vielen Mädchen in dieser Situation das Leben gerettet hat.

Bis Angelika von dem Notfall gehört hat und die Hütte betritt, ist das Mädchen oft schon bewusstlos, die meisten Frauen sind verschwunden, und die Großmutter kniet weinend vor der Kuhhaut. Unter der Kuhhaut liegt, was dem Eingriff zum Opfer gefallen ist. In der Nacht werden die Katzen oder Hunde es sich holen.

Entsetzen, Wut und Mitleid kämpfen in Angelika bei diesem Anblick. Aber zum Nachdenken bleibt keine Zeit.

„Angelika, flöß du ihr etwas zu trinken ein. Ich versuche, die Blutung zu stillen.“

Angelika ist froh, dass Samuel, ihr Kollege, ihr zur Seite steht. Obwohl er ein Mann ist, schenken die Massaifrauen ihm dasselbe Vertrauen, das sie auch der Sister entgegenbringen.

„Meinst du, sie muss ins Krankenhaus?“, fragt Angelika. „Und ist der Lorry überhaupt im Ort?“

„Nein. Ich glaube, es lässt sich ganz gut abbinden. Wenn das Mädchen trinkt und nicht wieder in Ohnmacht fällt, schaffen wir das auch hier. Die Fahrt wäre auch eine Tortur.“

Wenn eine Beschneidung „gut ausgeht“, wenn das Mädchen also „nur“ einige Zeit blutet und die Wunde sich trotz fehlender Hygiene nicht oder nur leicht entzündet, dann bleibt die junge Frau einige Tage in der Hütte liegen, bis sie wieder aufstehen und vorsichtig gehen kann. Bis zur Hochzeit sind es meist nur noch acht Wochen. Sie wird eine ergebene, treue Ehefrau sein. Dass sie die körperliche Liebe kaum genießen kann, dass die Geburten für Mutter und Kind erschwert und vielleicht lebensbedrohlich sein werden, dass oft schon das Wasserlassen schmerzhaft ist – das alles gehört zu ihrem Schicksal als Frau. So ist das Leben. So war es immer. Aber muss es auch immer so bleiben?

Es gibt Frauen, die – auf eine ganz vorsichtige Weise – gegen die Mädchenbeschneidung rebellieren. Das Ritual öffentlich in Frage zu stellen, ist noch undenkbar. Da könnten sie auch gleich den Kriegern ins Gesicht sagen: „Ich will keine Massai mehr sein." Aber wenn Angelika für die „weisen Frauen" einer Gegend ein Seminar hält, wenn die traditionell arbeitenden Hebammen und die Großmütter zusammenkommen, dann werden Zweifel laut und subversive Pläne wenigstens einmal probeweise geschmiedet. Von anderen Gegenden hat man gehört, dass „Scheinbeschneidungen" vorgenommen worden sind: Eine Krankenschwester, die mit den Eltern unter einer Decke steckte, hat so getan, als würde sie das Mädchen beschneiden. Dabei hat sie in Wirklichkeit nur mit einem sterilen Skalpell kleine Schnitte an den Oberschenkeln angebracht, damit etwas Blut floss. Danach wurde ein Fest gefeiert, und das Mädchen konnte heiraten.

Irgendwo sollen sich auch Mädchen zusammengetan haben, um sich gemeinsam Wunden ritzen zu lassen und so ihre Tapferkeit zu beweisen. Und dann wurde tatsächlich auch für sie ein Fest gefeiert. Wie wäre es, wenn auch hier jemand den Mut hätte …?

Angelika beendet die „Fortbildung" mit einer Andacht. „Ihr wisst, dass ich selbst keinen Ehemann habe und auch keine Kinder. Deshalb ist es vielleicht etwas seltsam, wenn ich mit euch über all diese Dinge rede. Aber ihr wisst auch, dass eure Kinder auch meine Kinder sind. Ich liebe sie, und es tut mir weh, wenn sie Schmerzen haben. Gott hat uns so geschaffen, wie wir sind. Und unsere Körper sind wunderbar, oder etwa nicht? Warum sollten wir etwas abschneiden, das Gott geschaffen hat? Wollen wir sein Werk verbessern? Die Beschneidung ist keine Verbesserung. Sie nimmt euch etwas, nämlich die volle Freude beim Geschlechtsverkehr."

Ein Murmeln setzt ein. Woher will die Sister das wissen? Sie hat doch gerade noch gesagt, dass sie keinen Mann hat! Aber dann hören die Frauen doch wieder zu.

„Aber ich weiß auch, dass ihr eure Kultur ehren wollt und euren Männern Gehorsam schuldet. Deshalb könnt ihr die Dinge nicht von einem Tag auf den anderen verändern. Ihr braucht Geduld. Ganz viel Geduld. Aber vergesst nie: Euer Körper ist ein Geschenk, das Gott euch gemacht hat. Niemand hat das Recht, ihn zu missbrauchen oder zu zerstören. Gott wird euch weise und mutig machen, wenn ihr ihn darum bittet. Die Flüche der Laiboni sind nicht so stark wie er."

Dass Angelika keinen Mann hat, stimmt. Aber bis vor kurzem gab es da doch jemanden, der sie ganz schön durcheinander gebracht hat. Ein deutscher Globetrotter, Tennisspieler, Cessna-Besitzer … alles in allem: ein toller Typ. Gemeinsam rasen sie auf dem Motorrad durch die Steppe, schauen sich aus den kleinen Cessna-Fenstern Arusha von oben an. Schon vor Jahren wollte Angelika Flugstunden nehmen, aber die Mission meinte, es sei unverantwortlich, eine Frau, die keine Angst kennt, zur Pilotin auszubilden. Jetzt hat sie ihren privaten Fluglehrer gefunden, jemanden, der wie sie das Abenteuer liebt und sie zudem spüren lässt, dass sie keineswegs ein geschlechtsloses Wesen ist.

Angelika findet ihn einfach umwerfend. Bis sie merkt, dass er alles in ihrem Leben umwirft: ihre Prioritäten, ihr uneingeschränktes Engagement für die Massai, ihren Glauben. Mit ihrer Ruhe und Gelassenheit ist es vorbei. Und auch mit ihrem legendären Appetit. Keine Spur mehr von der starken Sister, die immer alles im Griff hat. Lieber würde sie mit einem Löwen ringen, als ihr Herz zu bändigen. Zwei Jahre lang kämpft Angelika. Der coole Globetrotter dagegen findet einfach, dass der christliche Glaube alles ziemlich kompliziert macht, und stellt eines Tages lapidar fest: „Dein Patron steht zwischen uns."

Briefe und Fotos schickt er ihr noch Jahre später.

Nach zwei Wochen mit verschiedenen Seminaren in der Steppe ist Angelika froh, wieder ins gemütliche Kwa Ngulelo zu kommen. Sie hat Videos zum Thema Hygiene und Empfängnisverhütung gezeigt, mit Fliegen, Staub und Hitze gekämpft, sich darüber geärgert, dass sie nicht genügend Medikamente kaufen kann, um jedem das, was er braucht, zu geben … Jetzt will sie endlich duschen, mit Jutta Tee trinken, sich vom Internatsleben erzählen lassen und selbst erzählen, was sie erlebt hat. Doch kaum hat sie den Geländewagen im Hof geparkt, da kommen schon ein paar Kinder angelaufen, die ihren Traum von einem gemütlichen Abend zunichte machen: „Sister, Sister! Jutta ist nicht da!", rufen sie durcheinander. „Sie sucht Tuso. Der ist abgehauen. Keiner weiß, wo er steckt!"

Tuso ist kein Massai, aber er lebt seit einigen Monaten im Internat. Kurz vor Weihnachten, als Angelika in Arusha Kleidung an Straßenkinder verteilte, war da nämlich ein kleiner Junge, der sich partout kein Kleidungsstück schenken lassen wollte. Keine Hose, keinen Pullover, nichts. Er wollte nur eins: bei der weißen Sister bleiben. Und die Sister nahm ihn tatsächlich mit, ließ ihn eine Nacht in Kwa Ngulelo schlafen und meldete ihren „Fund" dann bei der Polizei. Was diese nur mäßig interessierte: Ein Junge weniger auf der Straße? Okay, wenn Sie meinen …

In den folgenden Wochen und Monaten hat Tuso nach und nach seine Geschichte erzählt, und Angelika und Jutta haben Puzzlestück an Puzzlestück gefügt, bis sich ein Bild ergab: Tuso ist etwa sieben Jahre alt und hat bereits vier Jahre auf der Straße gelebt. Sein Heimatdorf liegt am Fuße des Kilimandscharo. Sein Vater starb, als er noch ganz klein war, seine Mutter ließ die Kinder im Stich und machte sich mit einem neuen Mann auf und davon. Tuso lebte fortan bei einer Tante, die schlecht mit ihm zurechtkam. Sie versuchte den Jungen – einen dreijährigen Knirps! – als Arbeitskraft einzusetzen, ließ ihn kilometerweit laufen, um Feuerholz zu sammeln, und strafte ihn mit Schlägen und Essensentzug, wenn er seine Arbeit nicht schaffte.

Als eines Tages Daudi, sein Bruder, zu Besuch kam und sah, wie Tuso behandelt wurde, liefen die beiden weg, einfach immer die Straße entlang Richtung Daressalam. In Moshi wollten sie in einen Kleinbus, einen „Daladala" einsteigen, in dem Kinder kostenlos mitfahren dürfen. Im Gedränge an der Haltestelle verloren sie sich aber aus den Augen, und bis Tuso begriff, dass Daudi bereits im Bus saß, fuhr dieser schon ab. Der kleine Bruder blieb allein am Busbahnhof. Einen Tag. Zwei Tage. Drei Tage. Daudi kam nicht wieder.

Schließlich versteckte sich Tuso unter der Sitzbank eines großen Reisebusses. (Als Tuso diese Szene erzählt, macht er Jutta und Angelika vor, wie klein er sich auch heute noch machen kann: Er faltet sich förmlich zusammen und quetscht sich in den Koffer der Tretnähmaschine, die im Wohnzimmer steht. Die beiden staunen – und verstehen, warum sie Tuso ab und zu auch schon vergeblich zwischen den Säcken und Koffern im Auto gesucht haben.) Der Reisebus fuhr los, schaukelte und brummte – als Tuso aufwachte, war er in Daressalam. Aber auch dort war von Daudi keine Spur. Tuso suchte ihn mehrere Tage lang in der

Drei-Millionen-Metropole, natürlich ohne Erfolg. Dann setzte er sich in den nächsten Fernbus und landete in Arusha. Weit und breit kein Daudi – der nächste Bus brachte ihn bis in die kenianische Hauptstadt, nach Nairobi.

In einem Reisebus mitzufahren, auch ohne sich zu verstecken, war für ihn inzwischen eine Kleinigkeit: Da Kinder in Tansania wie in Kenia auf der Fahrkarte der Mutter mitfahren, musste er sich unter all den Frauen, die am Busbahnhof standen, nur eine besonders freundlich aussehende aussuchen und beim Einsteigen immer an ihrer Seite bleiben. Dann hielt der Busfahrer ihn für ihren Sohn, und die Fahrt konnte losgehen. Von Nairobi reiste Tuso über Mwanza und Dodoma wieder zurück nach Arusha. An Daudi dachte er kaum noch. Es ging einfach nur noch darum, jeden Tag etwas zu essen und zu trinken zu finden, einen sicheren Schlafplatz auszuspähen und mit den anderen Straßenkindern möglichst nicht aneinander zu geraten. Tuso suchte Essbares in Mülltonnen oder unter den Marktabfällen, er schlief in Pappkartons, bettelte und stahl. Wenn die Polizei ihn erwischte, wurde er verprügelt und dann wieder laufen gelassen. Was sollten sie auch mit ihm tun?

Vier Jahre ging das so, bis diese blonde Frau, die wie eine Einheimische Kisuaheli sprach, ihn auf ein anderes Leben neugierig machte.

Wenn Tuso von seiner Familie erzählt, wird er jedes Mal traurig. Er schluckt, redet ganz leise. Trotz all der schlechten Erfahrungen, die er gemacht hat, ist er nicht wütend. Er vermisst seinen Bruder, seine Mutter, selbst seine Tante. Und ganz besonders vermisst er seinen Vater, aber er ist sich sicher, dass der sich vom Himmel herab wenigstens um seinen Sohn kümmert. Auch an die Sister hat er ihn vermittelt. Das weiß Tuso einfach.

Viele Kinder im Internat haben Eltern und Geschwister, auch wenn sie nur in den Ferien bei ihnen wohnen. Und Tuso

Familie Kimaro / Foto: TW

möchte auch eine Familie haben. Dass er jetzt im Internat wohnen kann, freut ihn sehr, er freundet sich mit den Massaikindern an und integriert sich problemlos in das gemeinsame Leben. Aber eine Familie ist eine Familie, und ein Internat ist ein Internat.

Jetzt ist Tuso also verschwunden. Und Jutta läuft vermutlich kreuz und quer durch Arusha, auf der Suche nach einem schmächtigen, verzweifelten Jungen, der so gerne eine eigene Familie haben würde. Vielleicht ist er schon wieder in einen Bus gestiegen?

„Tuso und ich haben uns gestritten", gesteht ein Massaijunge kleinlaut, als er merkt, dass Angelika sich ernstlich Sorgen macht.

„Das ist nicht schön. Aber es ist auch nicht schlimm. Manchmal streitet man sich eben", beruhigt Angelika ihn. „Du bist nicht schuld, dass Tuso fortgelaufen ist. Er ist oft so furchtbar traurig, dass er keine eigene Familie hat. Vielleicht ist er unterwegs, um seine Mama zu suchen."

Am Abend kommt eine erschöpfte und enttäuschte Jutta nach Kwa Ngulelo zurück. Niemand hat Tuso gesehen oder etwas von ihm gehört. Dabei hat sie überall nach ihm gefragt. Jutta ist nur noch fünfzig Meter von der Einfahrt zum Hof entfernt, da sieht sie eine kleine Gestalt in Schuluniform, die halb versteckt zwischen Bananenstauden und Kaffeepflanzen hervorlugt. Jutta steigt aus dem Wagen und bleibt auf dem Weg stehen. Tuso hat sie gesehen. Und er weiß, dass auch sie ihn gesehen hat.

„Du kannst wieder zu uns kommen, Tuso", sagt Jutta, aber sie geht keinen Schritt weiter auf ihn zu. „Es ist nicht schlimm, dass du weggelaufen bist. Niemand wird dich schlagen."

Jutta ahnt: Wenn sie jetzt eine falsche Bewegung macht oder ein falsches Wort sagt, ist Tuso in Windeseile verschwunden. Aber er steht nach wie vor da, halb verdeckt von großen Bananenblättern. Er sagt kein Wort. Etwa fünf Minuten stehen sie so dort, fünf Minuten, die Jutta wie eine Ewigkeit vorkommen. Dann macht Tuso ganz langsam ein paar Schritte auf sie zu. Jutta kniet sich auf den Boden, der Junge rennt die letzten Schritte, fällt ihr um den Hals, weint und erzählt auf Englisch, was vorgefallen ist.

Jutta fällt ein Stein vom Herzen: Es war nur ein Kleine-Jungen-Streit. Und doch hat er Tuso in ernste Zweifel gestürzt: Ist er in Kwa Ngulelo wirklich willkommen? Mögen die anderen Kinder ihn, oder wäre es ihnen am liebsten, er würde bald verschwinden?

Dass er die Geschichte auf Englisch erzählt, zeigt wieder einmal, wie begabt dieser Junge ist. In kürzester Zeit hat er Lesen, Schreiben und Rechnen gelernt. Kein Schulstoff macht ihm Mühe, im Gegenteil: Meistens geht es ihm zu langsam. Er kann seinen klugen Kopf gar nicht schnell genug „füttern". Die Kinderbücher, die es im Internat gibt, hat er längst durchgelesen.

Tuso in kenianischer Scout-Uniform

Die folgenden Wochen bringen eine zweite positive Wendung in Tusos Leben: Im Nachbarhaus wohnt die Familie Kimaro mit ihren vier Söhnen. Tuso und die Söhne werden Freunde, und schon nach einiger Zeit gehört Tuso fast mehr zur Familie Kimaro als zum Internat. Schließlich wird Tuso sogar ganz offiziell ihr Pflegesohn. Und als er zehn ist, beschließen Angelika, Jutta und die Familie Kimaro, dass er mit dem gleichaltrigen Sohn der Familie auf eine Internatsschule nach Kenia gehen soll. Dort wird man seiner Begabung gerecht, und Tuso verblüfft seine drei „Mamas" bald mit Briefen, die nur ein intelligenter, frühreifer junger Mann geschrieben haben kann.

Aber wenn Tuso in den Ferien zurück nach Kwa Ngulelo kommt, steht ein schmaler und für sein Alter eher kleiner Junge vor ihnen. Er macht Späße, ist charmant und umgänglich – und doch im tiefsten Herzen melancholisch gestimmt. Die Frage, wer er eigentlich ist, lässt ihm keine Ruhe. Ist er ein Straßenjunge, den die Sister aus dem Dreck aufgelesen hat? Einer der Kimaro-Söhne? Ein hochbegabter Schüler? Oder doch nur ein Verstoßener?

Kurz vor Weihnachten, Tuso ist inzwischen dreizehn Jahre alt, packt er seine Kleidung und kleine Geschenke in seinen Rucksack und macht sich auf den Weg in Richtung Kilimandscharo. Da niemand weiß, wo seine Mutter lebt, will er wenigstens in das Dorf seiner Tante reisen, um ein Stück seiner Wurzeln wiederzufinden. Doch diesmal läuft er nicht weg; Angelika, Jutta und die Familie Kimaro wissen von seinem Plan. Und tatsächlich: In einem Haus am Fuße des mächtigen Berges findet er eine Tante, die ihn willkommen heißt, Cousins und Cousinen, die ihn freundlich aufnehmen, sich für seine Lebensgeschichte interessieren und ihre eigene erzählen. Gemeinsam arbeiten sie auf dem Feld, helfen im Haushalt, machen Einkäufe, kurz: Sie führen ein ganz normales Familienleben.

Als nach den Ferien das neue Schuljahr im Internat beginnt, erzählt Tuso glücklich: „Ich war Weihnachten bei meiner Familie."

8
Im Land der Seltsamen

Der ICE zwischen Göttingen und Hamburg bleibt auf offener Strecke stehen. Die Reisenden schauen von ihrer Zeitung auf oder unterbrechen ihr Nickerchen, um sich umzusehen. Eine Stimme aus dem Lautsprecher informiert über den Grund des Aufenthalts und bittet um Verständnis. Alle Köpfe senken sich wieder.

Nur eine schwarze Frau schaut unruhig hin und her. Sie hat kein Wort verstanden, wieder einmal gab es wichtige Informationen nur auf Deutsch. Esther sitzt heute zum ersten Mal in ihrem Leben in einem Zug, und dann auch noch in einem, der bis gerade eben so schrecklich schnell gefahren ist, dass sie die Landschaft draußen gar nicht richtig betrachten konnte. Sieht so eine deutsche Kuh aus? – Schon vorbei! Eigentlich wäre sie gern mal auf die Toilette gegangen. Aber um zu verstehen, was die vielen Knöpfe dort bedeuten, braucht man vermutlich ein Ingenieursstudium. In Hamburg wird sie gleich ganz allein umsteigen müssen … Wenn sie jetzt zu spät kommt … Sie hat doch sowieso schon solch eine Angst vor dem riesigen Bahnhof!

Wie die anderen Reisenden neigt auch sie jetzt den Kopf. Aber sie liest nicht, sie betet. Ganz fest faltet sie die Hände und murmelt leise vor sich hin.

Eine ganze Weile später folgt eine zweite Durchsage. Alle Leute stehen auf, brummeln missmutig vor sich hin, nehmen ihr Gepäck und verlassen den Zug. Esther reißt die Augen auf. Was tun die bloß? Wo wollen die alle hin? Auf jeden Fall ist es besser mitzugehen, als alleine im Zug sitzen zu bleiben.

Auf dem Nachbargleis steigen alle Leute in einen Ersatzzug. Esther setzt sich wieder. Sie weiß, dass Angelika die Bahnhofsmission in Hamburg beauftragt hat, nach einer Massaifrau mit rotem Tuch und dem typischen Schmuck Ausschau zu halten. Aber jetzt haben sie schon so viel Verspätung. Sicher sucht niemand mehr nach ihr.

Esther senkt wieder den Kopf und betet weiter – bis sie eine Hand auf ihrer Schulter spürt. „Kommen Sie aus Tansania?", fragt eine Frau auf Englisch.

Esther blickt verdutzt auf. „Ja, aus Engasmet, das ist …"

„Dann kennen Sie vielleicht Schwester Angelika?"

Esther kann es kaum fassen. Vor ihr steht ein Ehepaar, das Englisch kann, das die Sister kennt, das auch in Hamburg umsteigen muss und genau wie sie von dort aus weiter nach Schleswig reist! Das Paar hat vor Jahren einen Diavortrag von Angelika besucht und weiß seitdem, wie Massai aussehen und dass viele von ihnen Angelika kennen.

„Nakushukuru – ich danke dir!", beendet Esther laut ihr Gebet.

1987 hat Angelika zum ersten Mal Massai-Freunde eingeladen, mit ihr nach Deutschland zu reisen. Als Esther viele Jahre später im Zug sitzt, sind Deutschlandbesuche der Massai und Tansaniabesuche von Angelikas Freunden schon ein fester Bestandteil ihrer Arbeit. (Nur dass Angelika ihre Gäste normalerweise nicht allein den Tücken einer Bahnreise aussetzt; das ist ein Notfall.) Die Deutschen wollen gern die auf Bildern so fremd und geheimnisvoll wirkenden Massai kennen lernen – und umgekehrt ist es nicht anders. Die Massai sind sehr neugierig auf die fremden und geheimnisvollen Deutschen und besonders auf Angelikas große Familie.

Aus fast allen Reisen werden Abenteuer für beide Seiten, aber solche, bei denen es viel zu lachen gibt. Die Massai fühlen sich geehrt, weil die Wazungu das Essen extra für sie mit Blumen schmücken – woher sollen sie auch Petersilie kennen? Und die Wazungu stellen sich furchtbar an, wenn sie ohne Besteck essen sollen. Sie bekleckern sich, lecken jeden Finger einzeln ab und machen hinterher ein großes Theater, bis ihre Hände wieder sauber sind. Und was macht ein stolzer Krieger, wenn er in Deutschland zu einem Waldspaziergang eingeladen wird? Er nimmt seinen Speer mit. Man weiß ja nie …

Der Speer muss bei der Abfertigung vor dem Flug als Sondergepäck deklariert werden. In die Kabine mitnehmen darf man Instrumente zur Löwenjagd genauso wenig wie ähnliche, kleinere zum Nägelfeilen. Auch für stolze Krieger, die sich so gut wie nie von ihrem Speer trennen, kennt die internationale Flugsicherung keine Ausnahmen. Der Kommentar des tansanischen Zollbeamten klingt fast empört: „Jetzt reisen schon Leute aus dem Busch nach Deutschland. Nichts als ein Tuch um den Leib, und dazu Schuhe, die sie aus Autoreifen geschnitzt haben! Und wir, die Gebildeten, dürfen sie abfertigen und waren selber noch nie dort."

Die meisten Diskussionen jedoch löst Angelika dadurch aus, dass sie Massaikinder mit nach Deutschland nimmt. Tut ihnen das gut?, fragen sich besorgte Gastgeber. Können sie das, was sie erleben, überhaupt einordnen? Und werden sie nicht ganz unvermeidlich den Wunsch entwickeln, selbst einmal ein so reiches und bequemes Leben zu führen wie wir hier? Oder wollen sie sogar am Ende ganz in Deutschland bleiben?

Über die letzte Befürchtung muss Angelika still in sich hineinlachen, damit es nicht unhöflich wirkt. Noch nie in all den Jahren hat auch nur ein Massai ernsthaft überlegt, in Deutschland zu bleiben. Im Gegenteil: Nach einigen Wochen war die Sehnsucht, endlich in die Steppe zurückzukehren, schier übermächtig. Endlich raus aus der Kälte! Weg von diesem höllischen Verkehr! Wieder ein Feuer machen dürfen und sich stundenlang mit Leuten unterhalten, die unbegrenzt Zeit haben!

Wenn es darum geht, ob es gute oder schädliche Wirkungen hat, afrikanische Kinder nach Europa reisen zu lassen, dann überlässt Angelika lieber Esther das Wort. Die ist selbst Mutter und hat sich über die Frage der Bildung ihrer Kinder viele Gedanken gemacht. Offen und freundlich, wie sie ist, fragt Esther ihre Gesprächspartner ganz direkt: „Was wünscht ihr euch denn für eure eigenen Kinder? Sollen sie nicht fremde Sprachen lernen und andere Länder besuchen? Das ist ja unser Problem in Afrika: Bisher wollten wir immer, dass unsere Kinder alles so machen, wie wir Eltern es seit Jahrhunderten gemacht haben. Wir fühlten uns sogar geehrt, wenn sie es taten. Aber jetzt geht es nicht so weiter. Unsere Kinder müssen mehr lernen und neue Dinge ausprobieren, sonst haben sie keine Zukunft. Das wird unsere Kultur verändern, aber wenn wir so weiter machen wie bisher, wird sie ganz untergehen.

Schaut euch mal in Arusha um: Viele Massaimänner hängen da herum, suchen nach Arbeit, weil sie als Hirten nicht überleben können. Sie leben völlig unwürdig in Notunterkünften. Weil sie nie zur Schule gegangen sind und kein Englisch können, haben sie keine Chance, eine gute Arbeit zu bekommen. Sie werden fast alle Nachtwächter und sind völlig unterbezahlt. Und wenn sie in ihr Boma zu Besuch kommen, schleppen sie Aids ein."

Esther kann sich richtig in Rage reden. Wenn man in Deutschland von Afrika hört und liest, geht es meistens um ein Naturparadies voll wilder Tiere und unberührter Kulturen oder um Korruption, Kriege und Krankheiten. Aber wann hört man, was eine afrikanische Mutter sich für ihre Kinder wünscht?

„Wir sind euch wirklich sehr, sehr dankbar, wenn ihr Schüler in Kwa Ngulelo und anderswo mit eurem Geld unterstützt.

Denn damit verhelft ihr den Kindern zu einem Erbe, das ihnen keiner mehr nehmen kann: zu einer guten Ausbildung. Die Jungen und Mädchen, die einen guten Abschluss haben, werden einmal für unsere Landrechte eintreten können. Vielleicht werden sogar wichtige Positionen mit Massai besetzt. Wenn unsere Kinder Anwälte, Ärzte und Lehrer sind, werden wir Massai hoffentlich nicht mehr im eigenen Land verachtet. Jetzt werden wir überall schief angesehen, sobald wir die Steppe verlassen. In Behörden, Krankenhäusern – fast überall werden wir behandelt, als wären wir dreckig und dumm. Außerdem schickt ihr eure Kinder doch auch auf gute Schulen und auf Reisen, die ihrer Bildung dienen sollen. Haben wir kein Recht dazu?“

Esther schaut Angelika ein bisschen ängstlich von der Seite an: Ist sie zu weit gegangen? Hat sie die Gastgeber beleidigt? Aber Angelika lächelt seelenruhig. Das gibt Esther Mut für eine letzte Anmerkung: „Zum Schluss möchte ich aber noch das Wichtigste betonen. Die ganze gute, teure Ausbildung nützt nichts, wenn die Kinder nicht Jesus kennen lernen und Christen werden. Sonst haben sie keine Orientierung, werden hochmütig, geldgierig, eben all das, was man auch bei uns in Afrika so oft erleben kann.“

„In Tansania gibt es doch genauso viele Muslime wie Christen. Wie kommt es, dass ihr Massai euch nicht zum Islam bekehrt?“, fragt ein Gastgeber.

„Die Muslime leben vor allem an der Küste und im Süden. Sehr häufig treffen wir Massai nicht mit ihnen zusammen. Aber vor allem ist es unvorstellbar, eine Religion anzunehmen, die es verbietet, Blut zu trinken.“

Am Abend sitzen Esther und Angelika noch zusammen. Gemeinsam mit einigen Massaikindern und Yona, einem Evangelisten, haben sie heute in einer Schule Dias gezeigt, Lieder gesungen und von ihrer Arbeit erzählt. Danach ging es zu einem

Nachmittag bei den Landfrauen und dann zum Informationsabend einer Kirchengemeinde, die regelmäßig für Angelikas Arbeit Geld sammelt.

„Weißt du, wenn ich in Deutschland bin, traue ich mich kaum, zu sagen, dass ich Missionarin bin“, sagt Angelika seufzend zu Esther. „Das Wort hat hier einen schlechten Klang. Es hört sich nach Kolonialzeit an, nach jemandem, der anderen das aufzwingen will, was er selbst für richtig hält. Nach fehlender Achtung vor fremden Kulturen und Religionen.“

Esther lacht. „Ihr Deutschen seid wirklich lustig. Andere haben da weniger Hemmungen. Zu uns nach Engasmet kamen zuerst die Coca-Cola-‚Missionare‘. Die sind eigentlich schon da, so lange ich mich erinnern kann. Dann kamen die anderen Soft-Drink-‚Missionare‘ und schließlich Vodafone. Und wenn du mich fragst: Ich finde das gar nicht schlimm. Wir Afrikaner sind doch keine seltenen, wilden Tiere, die man unter Naturschutz stellen muss. Ich jedenfalls möchte nicht von allen Einflüssen abgeschnitten bleiben. Wir leben in derselben Welt wie ihr. Wir trinken genauso gerne Cola wie ihr, und wir finden Handys auch sehr praktisch. Und wenn ihr uns all das bringt – warum solltet ihr Christen uns ausgerechnet das vorenthalten, was euch am wichtigsten ist? Ich glaube, viele Christen hier haben ein ziemlich schlechtes Selbstbewusstsein. Wenn ich da an meine Gemeinde zu Hause denke … Wir sind stolz und froh, Christen zu sein.“

„Tja, ihr habt auch nicht über tausend Jahre Kirchengeschichte auf dem Buckel. Hier wollen viele Leute mit all dem lieber gar nichts mehr zu tun haben. Und mit den schlechten Sachen werfen sie auch gleich die guten weg. Dann sind sie ärmer als jeder Christ in Afrika.“

Der neue Tag in Deutschland beginnt mit einer großen Aufregung: Angelika hat sich von Freunden ein Auto geliehen, um mit Esther, Yona und den Kindern in eine nahe gelegene Schule zu fahren. Eine Klasse hat die Patenschaft für ein Massaimädchen in Kwa Ngulelo übernommen und will jetzt gern mehr über das Leben „ihrer" Schülerin erfahren. Doch kaum hat Angelika den Motor gestartet, spricht die Stimme einer Frau zu ihnen: „An der nächsten Kreuzung bitte rechts abbiegen. Bitte biegen Sie rechts ab." Die Massai schrecken zusammen. Wer hat da zu ihnen gesprochen? Die Stimme klingt freundlich, aber die Frau ist nirgends zu sehen.

„Angelika! Sister! Wer ist das? Was hat sie gesagt?" Alle rufen durcheinander.

„Ich kenne die Frau auch nicht. Aber sie hat gesagt, ich soll rechts abbiegen." Angelika drückt wahllos auf einige Knöpfe, aber sie findet nicht den richtigen, um das Gerät auszustellen. Auch sie ist noch nie in einem Auto mit Navigationssystem gefahren.

„Sister, du musst ihr gehorchen! Unbedingt! Vielleicht schlägt die Frau uns sonst. Bitte, bieg rechts ab!"

Auch Angelika weiß nicht recht, ob sie der Frau trauen kann. Nicht dass sie Angst vor Schlägen hätte. Aber weiß der Apparat wirklich, wo sie hinwollen? Sie hat doch noch gar nichts einprogrammiert. Als sie nach einer halben Stunde merkt, dass sie sich tatsächlich verfahren haben, schaut sie auf die Straßenkarte – und gerade in diesem Moment meldet sich die Stimme wieder.

„Sie ist uns nicht böse. Sie will uns helfen!" Da haben sie ja noch mal Glück gehabt.

In der Schule wartet eine ganz andere Überraschung auf die Gäste. Nachdem sie einige Lieder gesungen und etwas von sich erzählt haben, sagt ein deutscher Schüler klipp und klar: „Wir glauben nicht an Gott." So einen Satz haben die Massai noch nie gehört. Wie kann man nicht an Gott glauben?!

„Woran glaubt ihr denn dann?", fragt Yona erstaunt.

„An uns selber. Wir bestimmen selbst!"

„Wenn ihr an euch selber glaubt – wer hilft euch dann im Leid?" Yona schaut den Jungen, der als Erster gesprochen hat, ungläubig an. „Tröstest du dich selbst und holst dich selbst aus dem Dreck? Bestimmst du, wann du geboren und wann du sterben wirst?"

Die Schüler sind für einen Moment stumm. Was sollen sie darauf antworten?

Yonas Lebensgeschichte ist für zehnjährige Nordfriesen so unglaublich wie ihr Unglaube für den fünfunddreißigjährigen Massai-Evangelisten. Als Yona ein junger Krieger war, wurden viele Mädchen aus seinem und aus umliegenden Bomas Christinnen. Das war Anfang der neunziger Jahre eine typische Entwicklung: Die Frauen waren dem Evangelium gegenüber viel aufgeschlossener als die Männer. Es sprach für sie von Befreiung, von einer Liebe, die Männern wie Frauen gleichermaßen gilt, von einer Wertschätzung ihrer Person, die ihnen schier unfassbar schien.

Yona und seine Freunde dagegen fühlten sich von der christlichen Botschaft bedroht, sahen den Einfluss der Männer schwinden und erlebten jeden Tag ganz praktisch, dass ihnen die Ausbreitung des christlichen Glaubens nichts als Nachteile brachte: Statt mit ihnen „in den Busch zu gehen", sangen die Mädchen im Kirchenchor. Statt Angst vor ihnen zu haben und ihnen jederzeit zu Willen zu sein, fingen sie an, selbst über ihren Körper zu bestimmen. Yona wurde so wütend, dass er zu einem Laiboni ging und die Christinnen verfluchen ließ.

Der Laiboni gab ihm Amulette, die er überall, wo die Christen zusammenkamen, auslegen sollte. Dann würden sie sterben, versprach er. Yona folgte den Anweisungen des Laiboni, aber der Erfolg blieb aus. Die Christen versammelten sich einfach weiter an den gewohnten Orten, sangen, beteten, predigten … Nichts passierte.

Doch dann wurde der Laiboni krank und starb. Bald darauf wurden einige Freunde von Yona krank und starben. Dann traf es weitere. Schließlich war Yona allein. Er war am Ende. „Jesus, ich verfluche dich!", rief er, während er die geballte Faust zum Himmel streckte.

Was dann geschah, ist auch für erwachsene Deutsche schwer nachvollziehbar: Yona verlor den Verstand und lebte drei Monate lang wie ein wildes Tier. Er kauerte auf dem Boden, aß Sand, und damit er niemandem schaden konnte, wurde er von den Männern des Bomas gefesselt. Die älteren Frauen sorgten dafür, dass er Essen bekam. Sie brachten ihm jeden Tag eine Schüssel von dem, was sie gekocht hatten.

„Seelische Ausnahmezustände" wie dieser sind bei Massai und Bantus nicht unbekannt, auch wenn sie selten so lange dauern wie bei Yona und bei Frauen häufiger auftreten als bei Männern. Was solch einen Zustand auslöst, nennen sie „pepo", das bedeutet „Geist" oder „Dämon". Die „Pepo-Krankheit" ist für sie nicht sehr viel spektakulärer als Masern oder Keuchhusten. Würde so ein Kranker in Deutschland in die Psychiatrie eingewiesen?

Um Yona bemühten sich Freunde und Familie, aber auch christliche Massaifrauen. Sie kamen jeden Tag und trugen ihn zur „Kirche", einem eingezäunten Platz mit einigen Bänken unter einer Schirmakazie. Dort beteten sie für ihn, drei Monate lang. Bis Yona „aufwachte".

„Und wisst ihr, was ich als Erstes gesagt habe, als ich wieder bei Verstand war?", fragt Yona die Kinder. „Das Erste, was ich sagte, war: Okay, Jesus, du hast mehr Macht als die Laiboni. Ich werde Evangelist."

Bei seiner Taufe erhielt Yona, der bis dahin Pakasi hieß, dann seinen biblischen Namen – eine Erinnerung an einen Menschen, der Gottes Berufung nicht folgen wollte, den Gott aber auf sehr ungewöhnliche Weise doch noch zu seinem Propheten machte. Die Narben an seinen Handgelenken erinnern ihn bis heute an die drei finstersten Monate in seinem Leben.

In Ilambilole bei Iringa, einer Bibelschule für Hirten ohne Schulbildung, erhielt Yona eine Ausbildung zum Evangelisten – eine Bezeichnung für alle Männer, die von der lutherischen Kirche zum Predigen und Unterrichten ausgesandt sind, jedoch nicht taufen und keine Abendmahlsfeiern leiten dürfen, weil sie nicht Theologie studiert haben und nicht ordiniert wurden. Dass in der Kirche alles geregelt, geordnet und verwaltet werden muss, kann einen Mann wie Yona nicht in seinem Schwung bremsen: Er ist geheilt! Kein Fluch ist stärker als der Glaube, zu dem er gefunden hat! Das will er überall erzählen.

Dass neuerdings auch Frauen zu Evangelistinnen ausgebildet werden, bei Versammlungen wie die Männer öffentlich reden und Entscheidungen fällen, findet er gut. In seinem neuen Leben ist eben alles anders als früher. Wenn er einen Gottesdienst hält, fängt er mitten in der Predigt an zu singen. Seine Begeisterung ist ansteckend, alle fallen in den Gesang ein, klatschen und tanzen mit.

Und selbst in einer norddeutschen Grundschule, wo strohblonde kleine Skeptiker zusammensitzen, bleibt Yonas Ausstrahlung nicht ohne Wirkung.

„Hast du eine Adresse in Afrika?“, fragt ein Junge am Ende des Vormittags. „Oder reicht es, wenn auf dem Umschlag steht: ‚Yona – Massaisteppe – Tansania‘? Ich würde dir gern mal schreiben.“

Nach dem Unterricht erleben Angelika und die Massai dann wieder ein anderes Stück modernes Deutschland. In einem Kaufhaus geht Yona auf eine Treppe zu, die ihm etwas seltsam vorkommt. Als er sie von nahem betrachtet, erkennt er, dass sie sich wie ein Fluss ständig fortbewegt und nie stehen bleibt. Stocksteif steht der tapfere Krieger davor, neugierig, aber auch voller Angst. Soll er versuchen, einen Fuß darauf zu stellen? Vorsichtig hebt er sein rechtes Bein und berührt mit dem Fuß die Stufe – und o Schreck, er hat es ja geahnt: Der Fuß beginnt ganz ohne den Rest des Körpers nach oben zu fahren! Schnell klammert er sich an den Handlauf und zieht den Körper hinter dem Fuß her. Kaum hat sich sein Herzschlag beruhigt, ist auch schon das Ende der Treppe in Sicht. Mit einem gazellenleichten Sprung erreicht Yona wieder festen Boden unter den Füßen.

Jetzt, wo er in Sicherheit ist, krümmt er sich vor Lachen. Die Massaikinder amüsieren sich mit ihm und machen es ihm nach. Eine Rolltreppe nach der anderen wird sportlich und unter viel Gelächter und Gejohle genommen, während sich die Kunden fragen, ob hier jemand mit versteckter Kamera ihre verdutzten Gesichter filmt.

Eine Entdeckung am Abend setzt allen Erlebnissen dieses Tages die Krone auf: Elias, ein zwölfjähriger Massaijunge, kommt laut rufend von der Toilette eines Schnellimbiss gerannt: Am Toilettenrand bewegt sich etwas Weißes, Glattes wie eine Schlange, und es macht ganz seltsame Geräusche! Yona, der Tapfere, läuft voraus, um sich dem Ungeheuer zu stellen. Doch am Toilettenrand bewegt sich nichts mehr. Er sieht nur ein wenig anders aus als andere, die sie hier kennen gelernt haben.

„Wo ist es, Elias?“, fragt Yona.

„Ich habe hier gedrückt, und dann war da diese Schlange.“

„Wo? Hier?“ Yona drückt auf einen Knopf, und dann betrachten die beiden staunend, wie sich die Desinfektionsanlage quietschend in Bewegung setzt. Sie schauen sich an und lachen laut los: Diese Wazungu haben vielleicht Einfälle! Wie gut, dass sie bald wieder unter vernünftigen Menschen sind!

Wenige Tage später sitzt die ganze Gruppe im Flugzeug von Frankfurt/Main nach Kilimanjaro Airport. Der Speer liegt wieder gut verpackt im Frachtraum. Die Toiletten im Flugzeug sind kaum abenteuerlicher als die im ICE oder Schnellimbiss. Das abgepackte Essen lassen sie wie schon auf dem Hinflug lieber unberührt. An die erstaunten Blicke, die von ihren geschmückten Köpfen über ihre langen Ohrläppchen, das rote Tuch und den Schmuck an ihren Fußgelenken bis auf die Reifensandalen hinuntergleiten, haben sie sich längst gewöhnt. Wenn sie sowieso auffallen, angestarrt und von manchen Mitreisenden auch fotografiert werden, macht es wohl auch nichts, wenn sie jetzt noch ein paar Lieder singen.

„Yesu ni nani, jamani? Yesu, ni deriva …" passt auch zur Luft-Safari: „Wer ist Jesus? Er ist mein Fahrer, der mich sicher nach Hause steuert." Schade nur, dass hier so wenig Platz zum Tanzen ist.

9
„Sister haraka“

Was sich liebt, das neckt sich. In Deutschland wie in Afrika. Angelika lebt jetzt schon mehr als zwanzig Jahre in Tansania, und jedem Gast wird schnell klar: Da haben sich offensichtlich zwei gesucht und gefunden, auch wenn es auf den ersten Blick seltsam erscheinen mag. Die Massai, die seit Menschengedenken in ihrem leichten, federnden Schritt zu Fuß unterwegs sind, lieben die quirlige Schwester, die Motorengeräusch, Geschwindigkeit und Fahrtwind braucht. Und sie spart nicht mit Bewunderung und Respekt für die ausdauernden „Langstreckenläufer“, die mit unglaublicher Geduld tagelang auf der Suche nach Wasser durch die Steppe ziehen.

Dass sie die Sister mögen, sich aber auch sehr gerne über sie lustig machen, merkt man an den Spitznamen, die die Massai der wilden Heiligen im Lauf der Jahre gegeben haben. „Sister haraka – schnelle Schwester“ ist so einer. In der Steppe gibt es nämlich keine Geschwindigkeitsbegrenzungen. Wie schnell jemand fährt, ist reine Nervensache und ansonsten nur vom Material abhängig. Breite Nerven hat die Sister. Was das Material angeht, müssen manche ihrer Wünsche offen bleiben, aber sie holt auch aus einem klapprigen Geländewagen noch alles heraus, was die Maschine hergibt.

„Wenn man mit Angelika durch die Schlaglöcher fährt, reißen die BH-Träger“, erzählen sich Praktikantinnen. Und die Massai glauben, dass selbst die Leoparden in der Serengeti mit dem Tempo der Sister nicht mithalten können.

„Ich hätte Lust, mal Paris-Dakar zu fahren – wenn ich alt bin“, sagt Angelika und sieht dabei aus, als würde sie es durchaus ernst meinen. „Aber da müsste sich noch irgendein guter Zweck finden, für den ich es machen könnte. Sonst verschwende ich ja nur Geld und Kräfte.“

Dabei fährt sie immer noch am liebsten Motorrad. Nach dem Überfall hat sie sich das Modell ihrer Träume gekauft. Staunend stehen die jungen Männer davor – und bewundern nicht etwa den Motor oder das moderne Design, sondern die Reifen: „Da könnte man tolle Schuhe draus machen!“

Angelika weiß natürlich, dass Abenteuer nicht Sinn und Zweck ihres Lebens in Afrika sind, und auch deshalb zieht sie 2001 nach Malambo. In Malambo will sie zuverlässig ansprechbar und für manche Aufgaben selbst verantwortlich sein. Kwa Ngulelo wird sie von nun an nur noch als Gast besuchen.

Ihr Lieben daheim!

Wir hatten mal wieder eine Menge Material nach Malambo zu transportieren, und der Steppenwagen war kaputt. Deshalb brachte Jutta uns erst einmal bis zum Busbahnhof in Arusha. Wir, das sind Naiyai, unser Lkw-Fahrer, dazu unser neuer Zivi, ein Ehepaar aus Deutschland und ich. Unser Gepäck: vier Rucksäcke, eine Reisetasche, zwei Zelte, vier Isomatten, ein großer Korb mit Werkzeug (Kreissäge, Bohrmaschine …) und ein weiterer mit zehn veredelten Mangobäumen. Weil es so viel war und wir es unbedingt im Auge behalten wollten, haben wir für das Gepäck einen Extrasitz gebucht. Sonst wäre es hochgetürmt auf dem Dachgepäckträger gelandet – neben lebenden Hühnern, Matratzen, Dachbalken, Zuckersäcken …

Der Kleinbus brachte uns sicher nach Karatu. Hier trafen wir auf unseren Lkw, der am Samstag beladen wurde. Wir schliefen in einem einheimischen Gästehaus (2,50 Euro pro Person) und besuchten für

„Sister, Sister!" / Foto: AW

im Tarangire Park, 1999 / Foto: Christine Trede

Ndeshi unterrichtet / Foto: AW

das Zentrum in Malambo / Foto: AW

im Kindergarten / Foto: Tobias Schmid

Mittagspause in der Schule / Foto: AW

ein Zivi mit den frühgeborenen Zwillingen / Foto: AW

ein Wegweiser in der Serengeti / Foto: Jutta Roedig

Jutta und Mika / Foto: Jutta Roedig

die Mahlzeiten verschiedene „Hoteli". Sonntagabend verzehrten wir zu viert einige Kilogramm geröstetes Rindfleisch – ohne Beilagen.

Am Montag ging es schließlich weiter. Die Lorryfahrt dauerte sieben Stunden. Einen Teil der Strecke saßen wir hinten auf der offenen Tragfläche auf dem Gepäck und genossen die wunderschöne Natur der Serengeti. Überall ist es jetzt herrlich grün. Ich staune, denn noch vor drei Wochen war alles trocken und das Gras ganz verdorrt. Dann hat es unvorhergesehen zwei Wochen lang heftig geregnet. Die Massai sind glücklich. Es gibt reichlich Milch.

Endlich, nach langer, holpriger, staubiger Fahrt war Malambo in Sicht. Aber unsere Fahrt endete abrupt, fünfzig Meter vor unserem Zentrum. Der Boden war vom vielen Regen aufgeweicht und der schwer beladene Lorry versackte im Schlamm. Kein Problem. Wir waren ja schon so gut wie zu Hause. Der Nachtwächter vom Zentrum kam hilfsbereit mit der Schubkarre und transportierte unser Gepäck in drei Fuhren zum Zentrum. Die Bäume haben die Strapazen überlebt! Junge Männer schaufelten dann die halbe Nacht und den nächsten Morgen, um den Lorry auszugraben. Zurück bleibt ein tiefes Loch, dass uns jetzt immer an diese Episode erinnern wird.

Es gibt viele solcher Löcher als Andenken auf den Steppenwegen. Niemand würde auf die Idee kommen, sie zuzuschaufeln. Nein, man fährt drum herum und baut neue Wege. Wir haben ja genug Platz in der Steppe.

Erinnert ihr euch noch, dass wir mal eine ganze Nacht im Schlamm feststeckten? Damals waren wir nicht nur sechs Erwachsene, sondern hatten auch noch drei Kinder im Auto. Und der Wagen war so tief eingesackt, dass ich die Tür nicht mehr öffnen konnte. Ich musste durchs Fenster rausklettern, um Hilfe zu holen. Aber erst am nächsten Morgen zog uns ein Trecker raus. Das war eine Nacht! Dagegen war dieser kleine Zwischenfall harmlos.

Unser neuer Zivi kann gut schweißen und hat uns ein Glockengerüst gebaut. Die gusseiserne Glocke, eine Spende aus Deutschland, hat (ich muss es gestehen) jahrelang verstaubt und vergessen im Kirchenbüro gelegen. Dann ist sie beim Aufräumen entdeckt worden. Jetzt steht der Glockenturm, und die Glocke lädt jeden zum Gottesdienst ein – was für ungewohnte Töne mitten im Busch! Die Autofelge, die im Baum hängt und bisher diesem Zweck diente, wird jetzt nicht mehr benutzt. Sie bleibt aber für alle Fälle hängen, falls die Glocke mal runterfällt!

Vielen Dank für eure Gebete, Unterstützung, Briefe … Anscheinend ist viel Post verloren gegangen in der letzten Zeit. Sorry for that.

Jetzt grüße ich euch herzlich wie der Paulus die Kolosser: „Wenn ihr nur bleibt im Glauben gegründet und fest und nicht weicht von der Hoffnung des Evangeliums …", ja dann – aber das könnt ihr selbst rausfinden.

Yours in happiness and in His Service
Angelika

Im Schlamm stecken bleiben – das wird in Malambo manchmal fast zu einer Wunschvorstellung. Denn ein Problem ist hier viel größer als in der Gegend um Arusha: Die Trockenzeit nimmt oft kein Ende, und die Dürre erreicht schreckliche Ausmaße. Wenn sich die Straße zum Internat in der Regenzeit schon längst in eine gefährliche Schmierseifenpiste verwandelt hat, warten die Menschen in Malambo oft immer noch vergeblich auf die ersten Tropfen. So weit das Auge reicht, ist alles braungrau und staubig. Kein grüner Halm ist mehr zu finden. Die wenige Milch, die die Kühe noch geben, wird an die Kinder verteilt, während die Erwachsenen nur noch von Blut leben. Morgens und abends eine Tasse, das muss genügen.

Angelika ist mit der „Augenklinik" unterwegs, als der Älteste eines Bomas ihr seine ganze Wut und Enttäuschung entgegenschleudert: „Was wollt *ihr* uns von Gott erzählen? Was ist das für ein Gott, der uns keinen Regen gibt? Wir haben Hunger!"

Die Sister, ein Evangelist und der Pilot des kleinen Flugzeugs, mit dem sie hierher gekommen sind, schauen den Ältesten betroffen an. Heute Morgen haben sie den „Kliniktag" mit einer Andacht begonnen. Es folgte eine Stunde „health talk", wie die gesundheitliche Aufklärung hier heißt. Anschließend haben sie die Augen von allen Kindern der umliegenden Bomas untersucht. Mit wenigen Ausnahmen mussten sie bei jedem Kind ein Trachom feststellen, eine Entzündung des Auges, die im Alter zur Erblindung führen kann. Sie haben die Bindehaut unzähliger Augen mit Salbe behandelt und immer wieder erklärt, wie wichtig ein Mindestmaß an Hygiene ist, wenn die Kinder später nicht blind werden sollen.

Aber Regen zu bringen, steht nicht in ihrer Macht. Und sie können auch nicht erklären, warum Gott es in Arusha regnen lässt und in Malambo nicht.

„Was glaubst du eigentlich, wer du bist? Willst du Gott anklagen?" Niemand vom Klinikteam, sondern eine Massaifrau, die vor kurzem Christin geworden ist, antwortet dem Ältesten. Sie, die viel jünger ist und außerdem eine Frau, hat die Frechheit, das Wort zu ergreifen. Die Umstehenden treten näher heran. Das verspricht eine spannende Diskussion zu werden.

„Hast du dich je um ihn gekümmert, solange es dir gut ging?", fährt die Frau unbeeindruckt fort. „Vielleicht hat er ja einen guten Grund, uns keinen Regen zu schicken. Vielleicht sollen wir endlich aufwachen und uns ihm zuwenden!"

Die Leute vom Klinikteam sind baff. Das hätten sie niemals zu sagen gewagt. Und vermutlich ist die jahrhundertealte Frage nach dem Bösen und der Ungerechtigkeit in der Welt ja auch nicht so einfach zu beantworten. Doch die direkte Art des Umgangs miteinander, der Mut, den diese Frau zeigt, und auch die Bereitschaft des Ältesten, sich kritisieren zu lassen, beeindrucken sie. Denn tatsächlich scheint der alte Mann keineswegs beleidigt zu sein, sondern beteiligt sich an der lebhaften Diskussion, die nun entsteht.

Gottes Handeln ist für den Menschen oft schwer zu begreifen. Diesen Gedanken kennen die Massai auch aus ihrer traditionellen Religion. Sie sprechen vom „schwarzen Gott", wenn sie den gütigen, männlichen meinen, den, der den Regen schenkt und die Steppe blühen lässt. Aber Engai hat auch eine dunkle, weibliche Seite. Er zeigt sich als „roter Gott", wenn er Blitz und Donner schickt, wenn Kühe getroffen werden und Hütten abbrennen.

Auch in der Bibel der Christen ist Engai der Name Gottes. Und auch sie „begreifen" Gott nicht. Aber sie hören nicht auf, mit ihm zu reden, ihn zu bitten, ihm zu vertrauen. Denn sie glauben, dass er durch alles, was geschieht, mit ihnen redet. Und dass er sie immer liebt, auch wenn es manchmal nicht danach aussieht.

Viele Massai dagegen haben ihren Glauben zu einer Touristenattraktion gemacht: Weil ihnen das Opferfest am Fuße des Oldonyo Lengai nicht mehr viel bedeutet, schlachten sie eine Ziege, wenn filmende und fotografierende Europäer und Amerikaner daneben stehen. Das bringt ein paar tansanische Schillinge, aber es hat nichts mit einer lebendigen Beziehung zu einem Gott zu tun, dem ihr Schicksal nicht egal ist. Wer ehrlich ist, der gibt es zu, und selbst einige Laiboni, die traditionellen Heiler und Zauberer, wissen, dass sie auf verlorenem Posten stehen.

Vor kurzem hat sich ein Laiboni sogar taufen lassen, zusammen mit neunzig Männern und Frauen. Angelika und Tendee, ein Evangelist, waren in sein Dorf eingeladen worden, und Tendee hatte dort auch gepredigt: „Jede Herde hat ein Leittier. Aber ohne den Hirten ist auch das Leittier ohne Orientierung. Es weiß nicht, wo der Löwe lauert, und ist ihm genauso ausgeliefert wie der Rest der Herde. Der Hirte hat eine bessere Übersicht als das Leittier. Genauso hat Jesus Christus die Übersicht und will uns führen, damit wir nicht ins Verderben rennen. Er schenkt uns Gaben, von denen wir vorher nichts wussten:

Liebe, Freude, Friede, Geduld, Freundlichkeit, Güte, Treue, Sanftmut, Keuschheit. Ihr wisst, dass solche Eigenschaften besonders bei uns Männern selten oder gar nicht vorkommen. Wir wollen euch aber nicht zwingen. Wenn ihr euren bisherigen Weg fortsetzen wollt, steht es euch frei. Aber wir wollen euch den neuen Weg nicht vorenthalten. Der gute Hirte hat uns zu besserem Weideland geführt, als wir es bisher kannten."

Während Tendee predigte, beobachtete Angelika den Laiboni, einen etwa achtzigjährigen Mann, der eine große Autorität ausstrahlte. Er lauschte aufmerksam und ließ es nicht zu, wenn jemand ihn ablenken wollte. Bevor Tendee und Angelika abreisten, bedankte er sich bei ihnen: „Einmal sind meine Ziegen bis weit hinter die Berge dort gelaufen. Wir hielten sie für verloren, aber nach zwei Tagen kamen sie vollzählig zurück ins Boma. Sie hatten den Weg allein zurückgefunden. Eine unsichtbare Hand hatte sie geführt. Genauso seid ihr heute in mein Boma geführt worden."

Bei der Taufe war Angelika nicht anwesend; die schnelle Schwester war schon wieder über alle Berge und hörte erst mit einer Verspätung von einigen Monaten von dem „Erfolg" ihrer Mission. Und auch jetzt packt sie schon das Klinikmaterial ins Flugzeug, während die Massai intensiv weiterdiskutieren. Wie gut, wenn Massai auf Massai hören, denkt sie. Der Glaube, von dem sie erzählen, ist ein Massaiglaube, so, wie sie persönlich ihn erfahren haben, nicht der Glaube einer Sister, die immer etwas exotisch bleiben wird.

Theologie und Praxis, Kinder impfen, predigen, Fahrschüler unterrichten, für Familienplanung und Schulbildung werben, Bibel lesen und Sehtests durchführen – Angelika kann das alles nicht trennen. Und sie will es auch gar nicht. Ganz im Gegenteil: Ihr gefällt es, wenn es zu einem „segensreichen Kuddelmuddel" kommt. Und oft gibt gerade der abrupte Wechsel von einer Aufgabe und Rolle zur anderen einem Tag die richtige Würze, findet sie.

Während Angelika in Malambo ein Seminar über den Glauben vorbereitet, ist Daudi, der Fahrer, mit dem Lkw unterwegs, um die Teilnehmer in den verschiedenen Bomas abzuholen und nach Malambo zu bringen. Normalerweise sitzt eine bunt gemischte Schar aus Frauen, Männern und Kindern im Führerhaus und auf der Ladefläche. Aber diesmal hat es sich so ergeben, dass ausschließlich Männer mitfahren. Auf der Ladefläche stehen etwa fünfzig Krieger und Älteste, und auch das Führerhaus ist gut besetzt: Vorne neben dem Fahrer zu sitzen, ist eine besondere Ehre, und deshalb sitzen hier die besonderen Respektspersonen, auch wenn sie noch enger zusammengepfercht sind als die Männer draußen. Und dann muss noch ganz dringend ein Paar mitgenommen werden, das an der Straße steht und den Lkw stoppt. Die Frau will zur Dispensary nach Malambo, weil sie Fieber hat. Also gut, auch die beiden dürfen vorne einsteigen.

Als der Lkw ein tiefes, ausgetrocknetes Flussbett erreicht, geht es steil hinunter und dann mit Schwung ebenso steil wieder hinauf. Und erst jetzt stellt sich heraus, dass die Frau nicht nur wegen des Fiebers, sondern vor allem wegen vorzeitiger Wehen nach Malambo will.

„Mein Kind kommt! Mein Kind kommt!“, ruft sie, als sie das andere Ufer erreicht haben.

Kinder kriegen ist im Massailand reine Frauensache. Männer haben bei einer Geburt nichts zu suchen. Daudi bremst also, verlässt fluchtartig das Führerhäuschen und rennt, so schnell er kann, vom Lkw weg. Alle Beifahrer tun es ihm nach. Die Krieger auf der Ladefläche, die eben noch gesungen und getanzt haben, wissen nicht, was los ist, und verstummen. Am wenigsten aber weiß der Ehemann, was er tun soll. Weglaufen? Dableiben? Irgendetwas tun? Aber was?

Zum Nachdenken bleibt nicht viel Zeit, der Kopf des Kindes ist schon zu sehen. Der Vater muss näher herantreten, und da gleitet die Tochter schon in seine Arme, voller Käseschmiere, gesund und mit einer kräftigen Stimme ausgestattet. Daudi hat inzwischen seine Panik überwunden und kommt vorsichtig näher.

„Was mache ich bloß mit der Nabelschnur?", fragt ihn der Vater.

„Nimm dein Buschmesser und schneide sie durch", rät Daudi.

„Aber wo?"

„Irgendwo. Was weiß ich. Bin ich vielleicht Hebamme?"

Nach allem Mut, den der tapfere Krieger schon bewiesen hat, trennt er jetzt auch noch die Nabelschnur durch. Zu kurz ist immer schlechter als zu lang, denkt er, und macht den Knoten etwa fünfzehn Zentimeter vom Bauch entfernt. Daudi ruft währenddessen bereits die geflohenen Mitfahrer herbei. Die Fahrt kann weitergehen, das heißt, erst einmal müssen sie ein Stück zurückfahren, um die junge Familie in ihr Boma zu bringen. Von Fieber ist nicht mehr die Rede, und Geburtshilfe ist bereits geleistet worden. Woher sollen die Männer auch wissen, dass noch eine Nachgeburt folgt? Als es so weit ist, kann selbst das niemanden mehr schrecken. Dafür brauchen sie noch nicht einmal mehr anzuhalten. Die Nachgeburt wird kurzerhand aus dem offenen Fenster des fahrenden Lkws geworfen – ein Festschmaus für die Hyänen.

Vierhundert Teilnehmer sind diesmal zum Seminar gekommen, so viele wie noch nie zuvor. Ole Melita Yohana, ein lutherischer Pastor, und der in Ostafrika berühmte Ilkurumboti-Chor gestalten es mit.

Schon seit einer Woche haben Angelika, ein Fahrer und der Zivi säckeweise Mais, Reis, Bohnen und Zucker nach Malambo geschafft, dazu Kochfett, Salz und Tee. Einige Frauen des Dorfes übernehmen den Kochdienst. In vier Tagen werden allein dreihundert Kilogramm Reis verbraucht.

Manche Dorfbewohner haben ihr Haus als Schlafplatz zur Verfügung gestellt. Wie die Ölsardinen dicht nebeneinander gedrängt schlafen die Teilnehmer auf Rinderhäuten, Deckplanen, Grasmatten und Schaumstoffmatratzen auf dem Sandboden. Auch im Zentrum schlafen fast vierzig Leute in einem Raum. Wer auf dem Boden keinen Platz mehr findet, macht es sich auf dem Tisch so gemütlich, wie es geht.

Am Tag sitzen alle im Schatten von drei Schirmakazien und hören Bibeltexte, singen, beten und erzählen einander von den Erfahrungen, die sie gemacht haben, seit sie Christen geworden sind. Der Chor singt traditionelle afrikanische Melodien mit christlichen Texten. Junge Krieger, die eigentlich gar nicht am Seminar teilnehmen wollten, stehen in sicherer Entfernung, neugierig, aber auch skeptisch, mit langen Haaren, das Gesicht rot bemalt, Speer und Stock an der Seite. Sie lauschen. Am zweiten Tag entscheiden sich zehn von ihnen, die Distanz aufzugeben und als Christen ein neues Leben zu beginnen.

Seit Angelika in Malambo lebt, wird ihr eine Sache immer wieder auf brutale Weise bewusst: Hier galt nie etwas anderes als das berühmte Gesetz des Dschungels. Nur der Starke konnte überleben. Die kleine Dispensary am Ort verfügt über wenige Medikamente, und selbst wenn sie mal das Passende vorrätig hat, konsultieren viele Leute lieber erst einmal den Laiboni. Wenn der nicht helfen kann und der Patient schon fast tot ist, soll die moderne Medizin eingreifen, aber das nächste Krankenhaus ist gut hundert Kilometer entfernt. Frühgeborene sterben ohnehin gleich nach der Geburt. Behinderte Kinder oder Säuglinge, die nicht gut trinken und zu wenig zunehmen, werden einfach nicht mehr gestillt, bis die Hyänen oder Löwen die „Beerdigung“ besorgen.

Jetzt ist Angelika da, aber viele wissen nicht, was sie von ihrem Einsatz für Schwache und Behinderte halten sollen. Ist es nicht verrückt, für ein Kind, das doch sowieso ein Mickerling bleiben wird, zig Mal in der Nacht aufzustehen? Und warum gibt sie Geld für einen Jungen aus, der nie laufen lernen, also auch nie Kühe hüten wird? So einer wohnt seit ein paar Wochen bei ihr: Seki, ein Junge mit Glasknochen, 15 Jahre alt, aber noch nicht mal einen Meter groß.

Und doch wird Angelika immer wieder gerufen. Vielleicht weil da doch ein Fünkchen Hoffnung ist, eine kleine Sehnsucht nach einem Leben, das Barmherzigkeit und Mitleid kennt?

So auch heute, das Seminar ist noch nicht ganz zu Ende: „Sister, komm bitte mit! Da hat eine Frau Zwillinge entbunden. Es geht ihr nicht gut."

Als Angelika gebückt in die niedrige Hütte tritt, fühlt sie sich an den Stall von Bethlehem erinnert. Es dauert einen Moment, bis sie erkennt, dass mitten im Rauch mehrere Frauen am offenen Feuer sitzen. Es wimmelt von Fliegen. Die Wöchnerin liegt auf der Rinderhaut hinter einer Wand, die neugeborenen Zwillinge neben ihr. Die Mutter hat sich von ihnen abgewandt, offensichtlich hat sie sie schon aufgegeben. Angelika macht sich im Gespräch ein Bild der Lage: Die Geburt verlief ohne Komplikationen, die Mutter leidet allerdings an einer schweren Malaria. Die Kinder sind im siebten Schwangerschaftsmonat geboren. Da sie kaum eine Überlebenschance haben, wurde die durchtrennte Nabelschnur nicht abgebunden, sondern offen gelassen – ein deutliches Signal der Mutter und der Hebamme: Wir überlassen sie ihrem Schicksal.

Die Wöchnerin ist sehr geschwächt. Sie darf der Tradition folgend nach der Geburt kein Wasser trinken, sondern bekommt nur ausgekochtes Fett aus einem Schafsschwanz gereicht. Das soll den Geburtskanal reinigen. (Dass der Geburtskanal und der Darm nicht dasselbe sind, ist eins der Themen, die Angelika den

Frauen wieder und wieder darlegt – bisher ohne Erfolg. „Schaut euch doch beim Schlachten mal an, wie es bei der Ziege ist.“ – „Ja, aber wir sind doch keine Ziegen!“) Das Fett hat Durchfall verursacht und die Mutter noch mehr geschwächt.

Zu Angelikas Notapotheke gehört ein Brühwürfel – „Medizin aus Deutschland!“ Sie bittet die Frauen am Feuer, ihn in heißem Wasser aufzulösen, und nach einigem guten Zureden kann sie die Mutter davon überzeugen, dass sie ruhig etwas von der Brühe trinken darf. Auch ein Medikament akzeptiert sie. Dann sorgt Angelika dafür, dass die Frau am Abend ins Zentrum transportiert wird, damit sie auf einer Matratze im Sitzungssaal schläft und die Sister sie im Auge behalten kann.

Aber was passiert mit den Kindern? Sie wiegen höchstens siebenhundert Gramm und sind schon ausgekühlt. Dass sie überhaupt noch leben, verdanken sie vor allem der Tatsache, dass es in Malambo in dieser Jahreszeit unerträglich heiß ist. Seit ihrer Geburt vor zwei Tagen haben sie noch nichts zu sich genommen, die Mutter hatte auch noch keinen Milcheinschuss. Nach kurzer Verhandlung mit der Familie darf Angelika auch die Kinder mit ins Zentrum nehmen.

Zum Glück hat Angelika gerade Besuch aus Deutschland, eine erfahrene Mama und Oma, und die beiden Frauen können sich die Aufgaben teilen. Als Erstes versorgen sie die Nabelschnur-Enden, dann versuchen sie, die Kinder warm zu bekommen. Vor vielen Jahren hat Angelika in Engasmet zwei Frühchen, die man ihr überlassen hatte, kurzerhand in den Backofen gelegt. Bei ganz niedriger Temperatur, versteht sich. Ohne diesen „Brutkasten“ hätten sie nicht überlebt. Heute sind die „aufgebackenen“ Kinder zwölf Jahre alt, gesund und munter.

In Malambo gibt es aber leider keinen Backofen, und deshalb wärmen die beiden erst einmal Handtücher am Gasofen. Dann wickeln sie die Kinder in die Tücher und legen sie in einen Karton. Alle viertel bis halbe Stunde füttern sie sie mit verdünnter Milch.

Zum nächtlichen „Rooming in" stellt Angelika den Karton an das Fußende ihres Bettes unter das Moskitonetz. In der ersten Nacht melden sich die beiden alle zwei Stunden, dazwischen lässt sich immerhin ein wenig schlafen. Am Morgen wird Angelika davon geweckt, dass der Karton wackelt. Die Kleinen werden offenbar munter – und schreien zum ersten Mal! Das hört sich zwar noch sehr piepsig an, aber immerhin: Ihre Lebensgeister regen sich, und sie verlangen nach Nahrung. Im Dorf kann man Trockenmilch kaufen, und von nun an werden Samuel und Daniel mit einer Fünf-Milliliter-Spritze gefüttert.

Die Dorfbewohner haben die beiden inzwischen nach dem Mann und dem Enkel von Angelikas Besuch benannt. Es ist ihre Art, Dankbarkeit auszudrücken. Die Kleinen trinken gierig und fangen sogar an zu saugen. In der nächsten Nacht melden sie sich abwechselnd alle halbe Stunde, an Schlaf ist jetzt nicht mehr zu denken. Nachdem nun klar ist, dass die beiden überleben können, sollen sie mit ihrer Mutter ins Krankenhaus von Loliondo gebracht werden. In Malambo gibt es nämlich kein Malariamittel mehr. Aber Loliondo ist zweieinhalb Autostunden entfernt, und der Wagen ist unterwegs, um den Ilkurumboti-Chor zurück in die Südsteppe zu bringen. Das kann dauern.

Vier Tage später ist das Auto endlich wieder da, und der Mutter-Kind-Transport startet. Die Zwillinge reisen im Karton, von Pause zu Pause, denn Angelika ist sowohl Chauffeur als auch Säuglingsschwester. Als sie schließlich den Karton in die Arme einer Krankenschwester legt, ist sie erleichtert. Und sehr traurig. Endlich wird sie wieder durchschlafen können. Aber sie wird die beiden Kerlchen vermissen. Sie sind so zart und verletzlich. Diese streichholzfeinen Finger, diese großen Augen in den kleinen Gesichtern ... Angelika reißt sich los, steigt schnell in den Wagen und brettert zurück nach Malambo.

Als sie das Zentrum erreicht, steht der Vater der Zwillinge vor der Tür.

„Sopai! Was für eine schöne Überraschung!", begrüßt sie ihn.

Der Vater hat sich von Anfang an fern gehalten und seine Kinder noch nicht einmal sehen wollen. Wahrscheinlich war ihm das Ganze nicht geheuer, oder er wusste nicht, welche Rolle er in diesem unbekannten „Stück" spielen könnte. Außerdem beobachtet er die Ausbreitung des christlichen Glaubens in Malambo sehr kritisch. Das hat er Angelikas Nachtwächter erzählt. Nun hat er also dennoch den Weg zum Zentrum gewagt.

„Wie geht es meinen Kindern?"

„Wir haben sie ins Krankenhaus gebracht. Sie trinken gut und haben beide schon ein klein bisschen zugenommen. Du hast zwei süße kleine Söhne."

Der Vater sieht aus, als wüsste er nicht richtig, ob er sich freuen darf. Seine Frau und die Kinder sind fort, und der Sister hat er bis jetzt kein Vertrauen geschenkt. Um seine Zweifel zu zerstreuen und wohl auch, um sich selbst zu beruhigen, erkundigt sich Angelika per Funk im Krankenhaus nach den beiden. Es geht ihnen gut, der Vater bedankt sich für die Nachricht und geht nun doch froh nach Hause.

Einige Wochen später erfährt Angelika, dass die Kinder gestorben sind. Sie haben im Krankenhaus die falsche Nahrung bekommen. Die Schwestern hatten wenig Kenntnis von Frühgeborenenpflege, und außerdem fand man die ganze Sache wohl auch etwas übertrieben. Als Angelika die Mutter vom Krankenhaus abholt, scheint die vom Tod ihrer Kinder ganz unberührt zu sein. Um dem Schmerz eines eventuellen Abschieds vorzubeugen, hatte sie von Anfang an keine Beziehung zu ihnen aufgebaut. Eine Strategie des psychischen Überlebens, die viele Völker mit hoher Säuglingssterblichkeit kennen.

Die Geschichte hat ein trauriges Ende genommen – bis sie plötzlich doch noch eine Fortsetzung findet: Der Vater der Zwillinge hat sich seit seinem Besuch bei Angelika viele Gedanken über den Glauben gemacht und lädt nun Angelika und einen Evangelisten in sein Boma ein. Er möchte alles über Jesus und über die Bedeutung der Taufe wissen. Angelika nimmt die Einladung gerne an. Der Besuch erstreckt sich über mehrere Tage, nachts schlafen die Gäste in Zelten. Angelika bekommt eine Ziege geschenkt, die sofort geschlachtet wird. Es wird gegessen, geredet und gesungen. Alle sind fröhlich, nur Angelika denkt sehnsüchtig und traurig an Samuel und Daniel. Die beiden wären jetzt ein dreiviertel Jahr alt und könnten hier neben all den anderen Kindern auf dem Boden sitzen. Es wird Zeit, dass in Malambo Patienten so versorgt werden können, dass man sie nicht mehr auf eine Reise mit ungewissem Ausgang schicken muss. Morgen will sie einen Brief schreiben und um Unterstützung für ein Gesundheitszentrum bitten.

10
Mika

„Was macht ihr, wenn jemand krank wird, und wir sind nicht da?“ Angelika und das Team von der mobilen Klinik schauen fragend in die Runde.

„Wir warten, bis ihr wiederkommt.“

„Aber vielleicht ist es dann schon zu spät. Es kann ja sein, dass jemand eine schwere Krankheit bekommt.“

„Shauri ya Mungu. Es liegt in Gottes Hand“, lautet die lapidare Antwort.

Zeigt sich hier ein bewundernswertes Gottvertrauen, das in Europa leider längst verloren gegangen ist, oder eine Nonchalance, um nicht zu sagen: Verantwortungslosigkeit, die sich hinter einem frommen Satz versteckt? Angelika jedenfalls haben Sätze wie diese schon manches Mal schier zur Verzweiflung gebracht. Das darf doch wohl nicht wahr sein! Jetzt kapiert doch endlich, dass ihr die Dinge selbst in die Hand nehmen müsst!, würde sie am liebsten rufen. Aber ein Wutanfall würde gar nichts bewirken. Oder sogar das Gegenteil von dem, was sie erreichen möchte.

Außerdem ist der Glaube der Massai ihr ja tatsächlich oft ein Vorbild für ihr eigenes Leben. Wenn eine Frau, bevor sie ihre Tabletten schluckt, den Kopf senkt und laut betet, wenn dann alle Anwesenden leise mitbeten und die Frau nach dem gemeinsamen „Amen“ vertrauensvoll die Tabletten schluckt, dann versteht Angelika, dass die Afrikaner etwas leben, worüber weiße Christen meist nur lang und breit reden: Ganzheitlichkeit. Es gibt keinen Lebensbereich, der vom Glauben unberührt bliebe. Alles ist in Gottes Hand, auch die Wirkung, die diese Tabletten haben werden.

Ganz ruhig, und dann langsam und der Reihe nach!, sagt sie also zu sich selbst. Und zu den etwa vierzig versammelten Männern: „Wie wäre es, wenn einige von euch den Kranken selbst behandeln könnten? Manche Dinge sind nämlich ganz einfach: Man braucht zum Beispiel nur Salz, Zucker und Wasser, um einem Kind zu helfen, das Durchfall hat."

Ein zustimmendes Gemurmel ermutigt Angelika fortzufahren.

„Am besten wäre es, wenn ihr unter euch zwei oder drei Leute bestimmt, die eine kleine Ausbildung machen sollen. Dabei lernen sie, wie man Kranken hilft, die keinen Arzt oder kein Krankenhaus brauchen, weil ihre Krankheit nicht so schlimm ist. Und auch, was man bei schweren Krankheiten macht, bis ein Arzt kommt oder bis jemand ins Krankenhaus gefahren werden kann. – Aber denkt daran, nicht nur Männer auszuwählen, sondern auch Frauen!"

Sofort kippt die Stimmung. Frauen sollen eine Ausbildung machen? Dann lernen sie Sachen, von denen die Männer keine Ahnung haben! Und womöglich kommt es dann noch so weit, dass eine Frau einen Mann behandelt. Auf keinen Fall!

Warum nur haben dieselben Männer, die sich hier so aufregen, kein Problem, sich von mir untersuchen und behandeln zu lassen?, fragt sich Angelika. Bin ich in ihren Augen immer noch ein Neutrum, jemand, für den die vereinbarten Spielregeln nicht gelten? Auf jeden Fall kommt es jetzt darauf an, höflich zu bleiben und die Versammelten selbst eine Lösung finden zu lassen.

„Wer wird am häufigsten krank: ihr Männer, eure Frauen oder die Kinder?", fragt Angelika, als sich die aufgeregte Diskussion etwas beruhigt hat.

„Die Kinder!“ Das ist schon mal klar.
„Und wer versorgt die Kinder?“
„Unsere Frauen.“
„Wer kocht das Essen und stillt die Kleinen?“
„Unsere Frauen.“
„Wer wäscht die Töpfe und die Kleidung?“
„Unsere Frauen.“
„Wer holt das Trinkwasser?“
„Unsere Frauen.“
„Und wer hält die Hütte sauber?“
„Unsere Frauen.“

Jetzt nicken alle einmütig. Sie haben verstanden, was die Sister ihnen klar machen will: Es gibt einen Zusammenhang zwischen den Krankheiten der Kinder und den Aufgaben der Frauen. Wenn die Frauen der Krieger gesundheitliche Aufklärung erhalten, wird das dafür sorgen, dass ihre Kinder seltener krank werden. Dagegen hat ja wohl niemand etwas einzuwenden.

Als Angelika und das Team den Versammlungsplatz verlassen und in den Geländewagen klettern, ist das Boma von einem gut funktionierenden und von Einheimischen getragenen Gesundheitsdienst noch weit entfernt. Aber etwas weiter als vor ein paar Stunden. Pole, pole. Nur Geduld.

Während Angelika in der Steppe Basisarbeit macht, entwickelt sich Kwa Ngulelo unter Juttas Leitung zu einem Internat, das auch auf Kinder mit ganz speziellen Bedürfnissen eingehen kann. Mika ist so ein Junge. Der Sechsjährige stand eines Tages völlig abgemagert und mit einer schweren Malaria vor der Tür, das heißt eigentlich stand er nicht, sondern hielt sich mit einiger Mühe am Türpfosten fest. Angelika hatte ihn in Malambo in ein Missionsflugzeug gesetzt, weil man ihm in der Steppe nicht mehr helfen konnte. Eine Untersuchung im Krankenhaus ergab, dass die Malaria schon so gut wie überstanden war, allerdings war seine Milz stark angeschwollen, und auch alle anderen Untersuchungen legten den Verdacht nahe, Mika könnte an Leukämie leiden.

Jetzt lebt er schon zwei Jahre im Internat, wird von hier aus zur Schule gebracht, ist ein freundlicher und aufgeweckter Junge, und das alles, obwohl die Befürchtung sich bestätigt hat: Mika leidet tatsächlich an Leukämie, und die Krankheit schreitet trotz guter medizinischer Betreuung fort.

Auch Biblia – der Junge hat bei seiner Taufe tatsächlich diesen Namen erhalten – hat in Kwa Ngulelo eine Chance erhalten. Der Zehnjährige stand auf einem Lkw, als dieser sich mehrmals überschlug. Er hatte einen offenen Schädelbruch und war drei Tage bewusstlos, ehe er im Missionskrankenhaus in Moshi aufwachte. Ein ganzes Jahr blieb er dort, künstlich beatmet und halbseitig gelähmt. Jetzt lernt er mit viel Geduld und Unterstützung, wieder zu laufen.

Die sechsjährige Selina hielt man in Malambo zunächst für geistig behindert, aber eine Untersuchung in Arusha ergab, dass sie vor allem schlecht hört. Durch Sonderunterricht schafft sie langsam den Anschluss an Gleichaltrige, eine Möglichkeit, die sie in der Steppe niemals bekommen hätte.

Und dann ist da noch Leilya. Als kleiner Junge war er krank, ohne dass man ihm helfen konnte. Jetzt ist er halbseitig gelähmt und auf einem Auge blind. Angelika und Jutta vermuten, dass er damals eine Meningitis hatte. Gerne würden sie ihn in Kwa Ngulelo aufnehmen, aber Leilya kann keine Treppen steigen, und in dem turbulenten Tagesablauf würde er zwischen all den gesunden Kindern „untergehen". Besser als ein Leben im Boma, wo Behinderten nichts anderes übrig bleibt, als über den vom Kot der Tiere bedeckten Boden zu kriechen, ist es in der Stadt allemal. Aber immer öfter kommen Jutta und das Team an ihre Grenzen. Wer allen helfen will, hilft schließlich niemandem. Das wissen sie natürlich. Doch nein zu sagen ist in jedem konkreten Fall schwer.

Wieder sind es Kimaros, die Nachbarn, denen Angelika das Haus und so vieles andere verdankt, die eine neue Perspektive eröffnen: Mit Hilfe ihrer Gemeinde richten sie ganz in der Nähe ein Heim ein, in dem Kindern wie Leilya eine Chance gegeben wird. Hier sollen sie die besondere Pflege und Förderung bekommen, die sie brauchen. Einige Kinder, denen Jutta und die Mitarbeiter im Internat nicht helfen können, ziehen schon bald ein.

Nur Mika möchte lieber bei Jutta bleiben. Sie ist seine Mama geworden, und das nicht nur im allgemeinen afrikanischen Sinn. Seine leiblichen Eltern halten sich von ihm fern, weil sie nicht wissen, wie sie mit ihrem kranken Kind umgehen sollen. Nur ganz selten spricht er über Funk ein paar Sätze mit ihnen. Immer, wenn sich sein Zustand verschlechtert und er nicht mehr in die Schule gehen kann, ist Jutta sein Ein und Alles. Dann zieht er in ihre Wohnung, damit sie ihn auch nachts betreuen kann.

Nach einer Nacht, in der sie ihn zigmal auf die Toilette getragen, ihn getröstet und mit ihm gebetet hat, muss sie sich morgens von ihm verabschieden. Ihre Deutschlandreise kann nicht länger aufgeschoben werden. Für ein Gespräch ist Mika zu schwach und Jutta innerlich zu bewegt. Die beiden sehen sich nur an. Und sie wissen: In Kwa Ngulelo werden sie sich nicht mehr wiedersehen.

Zwei Monate später schreibt Angelika diesen Brief:

Arusha, den 4. Oktober 2005

Liebe Freunde!

Wir trauern um unseren kleinen Mika, der am Freitag, den 30. September nachmittags gestorben ist.

Am Freitagmorgen landeten die vier Massai-Evangelisten und ich mit 17 Gepäckstücken am Kilimanjaro Airport. Als erste Neuigkeit hörte ich, dass es Mika sehr schlecht gehe. In Kwa Ngulelo ging ich sofort zu ihm. Er weinte vor Freude, als er mich sah, und war doch viel zu schwach, um seiner Freude Ausdruck zu verleihen. Das ging mir sehr nahe. Er konnte nicht mehr sprechen, war aber geistig voll da. Er zeigte mit dem Zeigefinger nach oben. Wollte er mir klar machen, dass er jetzt in den Himmel gehen würde? Wir hatten ja immer offen mit ihm über den Tod gesprochen, und er wusste, dass er nicht mehr lange leben würde.

Mika atmete schwer und konnte nur noch liegen. Wir alle hatten den Eindruck, dass er nur auf mich gewartet hatte und jetzt, wo ich da war, sein Leben loslassen konnte. Mittags wurde er bewusstlos, und am Nachmittag starb er in unseren Armen auf dem Sofa im Gemeinschaftsraum. Die Internatskinder merkten nichts, machten fröhlich ihre Schularbeiten oder spielten. Ich trug Mika in das kleine Zimmer und ließ unsere Nachbarn Kimaro rufen.

Frau Kimaro rief dann alle Kinder zu sich rüber ins Haus, und Herr Kimaro, Dora, eine Mitarbeiterin, und ich fuhren mit dem toten Mika ins Krankenhaus, um einen Totenschein ausstellen zu lassen. Dann ließen wir ihn bis zum nächsten Tag dort. Abends versammelten wir alle Internatskinder. Wir beteten, sangen und weinten. Die kleineren Kinder guckten mich ganz entsetzt an. Sie hatten die Sister noch nie weinen sehen.

Am Samstag half uns Herr Kimaro, den Sarg zu besorgen. Dann holte er Mika, und wir feierten auf dem Hof mit Freunden Abschied von ihm.

Am nächsten Morgen brachen wir um vier Uhr morgens nach

Malambo auf. Um zwölf Uhr mittags fuhren wir mit dem Sarg auf dem Dach und dem mit Blumen geschmückten Wagen durchs Dorf direkt bis zu Mikas Haus. Ganz Malambo wusste Bescheid, und eine große Menschenansammlung wartete auf uns. Wir hatten ihnen am Freitag per Funk die traurige Nachricht durchgegeben. Normalerweise laufen die Kinder immer jubelnd hinter dem Wagen her, wenn wir eintreffen. Doch diesmal blieben alle schweigend stehen, als wir vorbeifuhren, auch die kleinen Kinder.

Zwei Stunden später fand die Beerdigung statt. Mikas Mutter war von Frauen umringt und wurde nicht eine Minute allein gelassen. Auch ich setzte mich eine Weile zu der Frauengruppe auf die Strohmatte. Wir hatten vom Internat sieben Kinder mitgenommen. Mika hatte einen kostbaren Sarg und war auf weißem Stoff gebettet. Eine Klappe am Kopfende des Sarges wurde geöffnet, damit alle, die noch einmal an ihm vorbeigingen, um Abschied zu nehmen, ihm einen letzten Blick zuwerfen konnten. Gestern fuhren wir dann genauso früh, nämlich um vier Uhr morgens, wieder nach Kwa Ngulelo. Jutta ist ja zurzeit noch in Deutschland und begleitete uns von dort im Gebet. Ich bleibe, bis sie wiederkommt, im Internat.

Nun kann der Alltag beginnen, und ich finde erst jetzt die Zeit, mein Gepäck auszupacken und hier richtig anzukommen.

Euch allen herzliche Grüße und vielen Dank für euer Mittragen!

Eure Angelika

11
Noch lange nicht am Ende

Mikas Beerdigung hat Malambo erschüttert. Nicht etwa, weil ein Kind gestorben ist. Das kommt häufig vor. Sondern weil die Sister so einen Aufwand um dieses Kind getrieben hat. Wenn jemand so jung stirbt, muss ein Fluch auf ihm gelegen haben. Deshalb darf man seinen Namen nicht mehr nennen, und man sollte auch auf keinen Fall einem anderen Kind diesen Namen geben. Wer nicht erwachsen geworden ist und keine Nachkommen gezeugt hat, der war für die Gemeinschaft mehr Verlust als Segen. Warum sollte man ihm Ehre erweisen?

Aber Mika hat einen schönen Sarg bekommen und eine feierliche Beerdigung. Wieder einmal ging es um die Frage, um die es bei Angelikas Arbeit von Anfang an ging und immer weiter gehen wird: Was ist der Mensch wert? Was ist der Einzelne wert, auch wenn er für die Gemeinschaft nichts mehr leisten kann? Was ist ein Kleinkind wert, eine Alte, ein Blinder, jemand, der nicht laufen kann? Was war Mikas Leben wert?

„Tunakwenda mbinguni! Duniani twasafiri …", haben die Trauernden am Grab gesungen. „Wir gehen in den Himmel! Auf der Erde sind wir Durchreisende."

Den Glauben an ein Leben nach dem Tod kennen die Massai aus ihrer traditionellen Religion nicht. Und sie verehren auch keine Ahnen, wie es viele andere afrikanische Völker tun. Der Ahnenkult braucht einen festen Ort, einen Platz in oder vor der Hütte, an dem der Toten gedacht wird und wo man ihnen

Gaben bringt. Nomaden wie die Massai dagegen zogen bisher immer weiter und ließen die Verstorbenen buchstäblich hinter sich.

Mikas Beerdigung hat viele nachdenklich gemacht: Kann es wirklich sein, dass die Toten nicht für immer vergessen sind, aber auch nicht an einem bestimmten Ort nahe bei den Menschen weiterleben und verehrt werden wollen, sondern dass sie mit dem Tod in ein neues Leben bei Gott treten? Dass Mika also kein Verfluchter war, sondern nur früher als andere in Gottes Welt aufgenommen wurde? Dann könnte man seinen Namen nennen, ohne fürchten zu müssen, sein Schicksal könnte einen selbst treffen. Jutta und Angelika jedenfalls sprechen noch oft miteinander und mit den Internatskindern über Mika und die schönen und schweren Dinge, die sie mit ihm erlebt haben.

Jetzt bleibt der eine oder andere Gast vor der Wand neben dem Essplatz der Schüler stehen und betrachtet die Fotos, auf denen ein fröhlicher, aber auch von schwerer Krankheit gezeichneter Mika zu sehen ist. Nein, ein Verfluchter war er nicht.

Bildung und christlicher Glaube, letztlich können nur diese beiden Dinge das Leben der Massai nachhaltig zum Positiven verändern. Davon ist Angelika nach all den Afrikajahren zutiefst überzeugt. Und auch davon, dass beides Hand in Hand gehen muss. Was nutzt es, wenn jemand beide Landessprachen – Kisuaheli und Englisch – gut spricht, die Möglichkeit erhält, eine Ausbildung zum Lehrer zu machen, schließlich eine Stelle bekommt, dann aber die Schüler schlägt und unregelmäßig zum Unterricht erscheint? Weil er sich lieber von den Eltern, die es sich leisten können, private „Nachhilfestunden“ bezahlen lässt und die mühsame Arbeit mit den Kindern in riesigen Klassen nicht auf sich nehmen will?

Auch Bildung allein verändert den Menschen, das stimmt.

Und in Punkto Gesundheit schafft zum Glück auch ein kleiner Zuwachs an Wissen oft schon eine große, positive Veränderung. „Was ist eine Toilette und wie benutzt man sie?" ist eins der wichtigen Themen im Kindergarten und in der Grundschule. Wer dieses Kapitel beherrscht, hat für seine Gesundheit schon sehr viel getan. Aber Bildung schützt nicht vor Arroganz, vor Bestechlichkeit oder vor der Versuchung, schwächere Menschen auszubeuten, sobald man selbst nicht mehr zu ihnen gehört.

Der Glaube an Jesus dagegen schafft neue Voraussetzungen, weil er die Menschen auf eine Art verändert und prägt, wie Bildung allein es nicht tun kann. Als in Malambo 2005 einer von Angelikas größten Wünschen Wirklichkeit wird und eine englischsprachige Medium Primary School für die Steppenkinder feierlich ihre Pforten öffnet, da weiß man nicht, ob hier gerade ein Staatsakt, ein Gottesdienst oder ein Volksfest stattfindet. Es ist alles zusammen, und genau so will es die Sister. Denn jedes dieser Kinder ist vor Gott wertvoll, und jeder dieser Lehrer soll es in Verantwortung vor ihm unterrichten.

In Malambo sind diese Sätze eine kleine Revolution – und die Freude darüber Anlass genug, um ausgiebig zu feiern, auch wenn das Schulgebäude noch gar nicht steht und nur der Beginn des Unterrichts feierlich begangen wird. Aus Arusha kommen Gäste mit dem Flying Service, christliche und muslimische Würdenträger des Ngorongoro Districts nehmen auf richtigen Stühlen Platz, der Ilkurumboti-Chor und die Schulkinder singen. Und dann teilen alle untereinander die acht gebratenen Ziegen und die riesigen Aluschüsseln mit Reis.

Und noch etwas gehört zu einem afrikanischen Fest: Allen Delegierten, Gästen, Honoratioren und sonstigen Personen, die gerne reden, wird reichlich Gelegenheit dazu gegeben. Sich kurz zu fassen, wäre unhöflich, denn es gehört zum guten Ton, möglichst viel von dem, was der Vorredner gesagt hat, zu wiederholen, um es auf diese Weise zu würdigen. Manchem deutschen Praktikanten fällt bei solch einem Redemarathon ein altes Kinderspiel ein. Ging „Ich packe meinen Koffer ..." nicht ganz ähnlich? Aber das afrikanische Publikum zeigt keinerlei Ermüdungserscheinungen, sondern lauscht, lacht und klatscht, auch wenn die Veranstaltung sich über Stunden hinzieht.

Angelika sitzt auf einer Schulbank am Rande der Menschenmenge, blickt über die vielen Köpfe und erlaubt ihren Gedanken, ein wenig auf Reisen zu gehen. Für einige der Kinder hat sich noch kein Pate gefunden, der das Schulgeld spendet. Bevor heute Abend alle nach Hause gehen, will sie noch Fotos von ein paar Schülern machen. Die helfen Jutta bei der Suche nach neuen Förderern und bei der Pflege bestehender Patenschaften. Dort hinten sitzt Lenkai. Sein Vater möchte eigentlich nicht, dass der Junge weiter zur Schule geht, aber Lenkai ist begabt und es wäre eine Schande, wenn seine Schullaufbahn mit zwölf Jahren schon zu Ende ginge. Wahrscheinlich wäre es am besten, sie würde Lenkais Vater morgen einen Besuch abstatten und es mit ganz viel Geduld und Überzeugungskraft noch einmal versuchen.

Der Kräftige, etwa Vierzigjährige, der bei den Ehrengästen sitzt, ist Godsave, ein Mann mit einer Lebensgeschichte, die so wunderbar ist, dass man sie fast nicht glauben möchte. Er war ein schwacher Säugling, der schlecht trank und im Alter von einem halben Jahr immer noch mager und kraftlos war. Sein Großvater bestimmte, dass seine Mutter den Jungen im Busch aussetzen sollte, aber die Mutter lief in ihrer Verzweiflung tagelang durch die Steppe, ohne sich von ihrem Kind trennen zu können. Bis sie einen Mann traf, der ganz allein, also ohne Kühe oder Ziegen unterwegs war. Er begleitete die Frau auf einem langen Marsch bis zum Selian Lutheran Hospital in der Nähe von Arusha. Dort nahm man das Kind in Obhut, während die Mutter zu ihrer Familie zurückkehrte.

Godsave in seinem Büro / Foto: privat

Aber auch hier war dem hinfälligen Bündelchen Mensch nicht mehr zu helfen. Doch weil man gut lutherisch war, rief man einen Pfarrer, um das Kind vor seinem Tod wenigstens zu taufen, wenn man sein physisches Leben schon nicht retten konnte. „God save this child – Gott rette dieses Kind", sprach der Pfarrer bei der Taufe. Aber offensichtlich wollte Gott nicht nur seine Seele retten, sondern auch seinen Leib. Denn von diesem Tag an trank der Junge, aß, nahm zu, zeigte Lebenswillen und schließlich Lebensfreude. Und als ein Jahr später ein munterer Anderthalbjähriger über das Klinikgelände sauste, nahm der Mann, der seine Mutter begleitet hatte – es war der Gärtner des Hospitals –, den Jungen auf den Arm und lief mit ihm tagelang durch die Steppe, um seine Mutter zu finden und ihr den verlorenen kleinen Sohn wiederzugeben.

Die Familie war auf der Suche nach Weideplätzen inzwischen längst weitergezogen und siedelte an einem ganz anderen Ort, aber der Gärtner fand sie. Als der Vater hörte, dass sein Sohn angefangen hatte zu wachsen und zu gedeihen, nachdem er getauft worden war, ließ er alle seine Kinder taufen – es waren 42.

Viele von ihnen durften später eine Schule besuchen, darunter auch Godsave. Diesen Namen hatte sich der Junge selbst gegeben, als er groß genug war, seine eigene Geschichte zu verstehen. Sie hört sich an wie ein Märchen, aber hier, ein paar Meter von Angelika entfernt, sitzt Godsave. Ein gebildeter, erfolgreicher Mann und engagierter Christ, Mann von nur einer Frau und Vater von zwei Töchtern. Und obwohl es nur zwei und „nur" Mädchen sind, wächst die Familie nicht weiter. Zur Einweihung der Schule ist er als Vertreter einer afrikanisch-australischen Organisation eingeladen worden, die sich für Schulprojekte in Ostafrika einsetzt.

Und da drüben sitzt Ndeshi. Sie ist nicht nur im übertragenen Sinne Angelikas Tochter, sondern auch im juristischen Sinne, denn die Sister hat sie adoptiert. Als Ndeshi zwei Jahre alt war, verlor sie beide Eltern. Erst nahm die Großmutter sie bei sich auf, dann eine Tante, aber hier wie dort hatte Ndeshi die Rolle eines Aschenputtels. Als sie sechzehn war, nahm Angelika sie zu sich und sorgte dafür, dass sie eine Ausbildung zur Erzieherin machen konnte. Jetzt ist sie beinahe dreißig und schreitet wie eine Königin durch ihr Reich, den Kindergarten von Malambo. Wenn Angelika während des Baus der Schule nicht vor Ort sein konnte, hat Ndeshi die Handwerker beaufsichtigt, Nachtwächter entlohnt, Essenspläne aufgestellt und die Köchinnen angewiesen. Angelikas Autorität stärkt ihr den Rücken, und von Aschenputtel ist keine Spur mehr.

Neulich ist Ndeshi in Arusha Bus gefahren. Neben ihr standen zwei Massaikrieger, die sicher nicht wussten, dass die junge

Ndeshi und Angelika / Foto: Jan-Philipp Strelow

Frau neben ihnen Kimassai versteht, und erst recht nicht, dass sie Angelikas Tochter ist. „Die Sister hat in der Steppe einen Löwen mit der bloßen Hand erlegt", erzählte der eine dem anderen. Und der hegte offensichtlich nicht den geringsten Zweifel an dem, was er hörte. Ndeshi musste es sich verkneifen, laut loszulachen. So weit ist es also mit der Legendenbildung gekommen: Mama Massai kann Löwen erdrosseln!

Angelika lächelt, während sie an diese Szene denkt. Der Redner da vorne bezieht ihre Freude offenbar auf seine letzten Sätze. Er hat gerade davon gesprochen, wie viel die Menschen hier in Malambo der Sister verdanken. Nicht nur die Schule und eine bessere Versorgung der Kranken, sondern auch Glaube und Hoffnung für die Zukunft.

Angelika und die Autorin beim Weihnachtsbraten 2005 /
Foto: Heidi Burkandt-Kilian

„Doch, Sister, das ist wahr. Wenn du da bist, ist es ganz leicht, an Gottes Liebe zu glauben. Komm nach vorne, wir möchten dir etwas schenken!"

Wie alle anderen Gäste bekommt auch die Sister jetzt ein großes Kreuz aus Perlen umgehängt, ein Schmuckstück und zugleich Bekenntnis. Schon viele solcher Kreuze hat sie bei feierlichen Anlässen überreicht bekommen, und sie trägt sie gern. Denn dieser Schmuck ist so gefertigt, wie Massaifrauen es seit Jahrhunderten tun. Ein Stück Tradition und Identität, auf das die Massai zu Recht stolz sind. Doch er macht gleichzeitig deutlich, dass diese Menschen ihr Leben auf etwas Neues hin geöffnet haben. Eine Hoffnung, die sich nicht an Programmen für bedrohte Völker, Entwicklungshilfe-Geldern oder afrikanischer Magie festmacht. Und auch nicht an einer Sister.

Arusha, im Januar 2006

Liebe Freunde!

Die Feiertage sind vorbei, und der Schulalltag beginnt wieder. Weihnachten habe ich in meiner alten Heimat in der Südsteppe verbracht. Das gab überall ein freudiges Wiedersehen. Es war merkwürdig, in Engasmet in meinem Haus (der „Villa“) zu übernachten, nicht oben in meinem Zimmer, aber unten im Gästetrakt – gegen Bezahlung. Das Haus wird nämlich als Gästehaus genutzt und bringt der Diözese ein kleines Einkommen. Heiligabend verbrachte ich mit Gästen aus Deutschland in Olbili am Ruvu. Die Massaichristen sangen bis spät in die Nacht, und wir erlebten einen Lobpreisabend unter dem afrikanischen Sternenhimmel.

Vieles hat sich zum Guten entwickelt. Seitdem so viele Christen am Ruvu leben, werden die Frauen nicht mehr geschlagen. Das wäre den Männern inzwischen peinlich, dabei war es früher eine Auszeichnung, seiner Frau auf diese Weise zu zeigen, wer das Sagen hat. Die Leute sind total offen für Schulbildung. Die Frauen und Kinder sind alle sauber, wirklich alle. Keine Fliege sitzt im Gesicht. Aber das sind nur die äußeren Veränderungen. Das Eigentliche ist ja in den Herzen geschehen. Die Furcht vor Gottes Willkür und vor dem Fluch der Laiboni ist weg.

Der Weihnachtsgottesdienst dauerte übrigens sechs (!) Stunden und wurde mit einem zweistündigen Harambee beendet, einer Sammlung, die eher so etwas wie eine Spielshow bei euch im Fernsehen ist als eine Kollekte. Da viele Leute kein Geld haben, spenden sie Papayas, ein Tuch oder irgendetwas anderes, das dann versteigert wird. Mit dem Geld soll am Ruvu eine Kirche mit einem Wellblechdach gebaut werden, damit die Gottesdienste auch bei Regen stattfinden können.

Noch vor den Weihnachtsferien erhielt ich eine Einladung von Nanotos Vater. Ich sollte zu seinem Boma kommen. Mir fiel das Herz in die Hose. Warum rief er mich? War sein Zorn wieder aufgeflammt? Ich betete und ging dann zu ihm. Er empfing mich freund-

lich: „Komm doch rein." Nanotos Mutter strahlte mich an. Ich setzte mich in die verrauchte Hütte auf einen Hocker und bekam eine Tasse heißen Tee mit Ziegenmilch in einer Emailletasse angeboten. Wir tauschten die Begrüßungsformeln aus: „Wie geht es den Kindern? Was machen die Kühe? Ob es bald Regen geben wird? …"

Dann kam Nanotos Vater zum eigentlichen Grund seiner Einladung. Er ergriff meine Hand und bedankte sich überschwänglich, dass wir seine Tochter unterstützen und sie zur Schule gehen kann.

Wie kam es zu diesem Sinneswandel? Der Vater hatte seine Tochter beobachtet, wenn sie in den Ferien nach Hause kam. Sie grüßte weiterhin mit dem geneigten Kopf als Zeichen ihrer Unterwürfigkeit. Sie half der Mutter bei der Arbeit, war dem Vater gegenüber demütig und gehorsam. Die Schule hatte ihren Charakter und ihr Verhalten gegenüber der Massaikultur nicht verdorben.

Vom Fluch war nicht mehr die Rede. Er hatte ja auch offensichtlich nichts bewirkt.

Zum Schluss durfte ich für die ganze Familie beten. Dann schenkte er mir eine Ziege, die wir im Auto mit nach Hause nahmen. Das Ziegengulasch, das wir noch am selben Abend gemacht haben, war ein Festessen!

Letztes Jahr bin ich fünfzig Jahre alt geworden, für mich unglaublich und für andere Leute wohl auch. Ich habe mir nicht allzu viel draus gemacht, und außerdem finde ich, es macht Spaß, in Afrika alt zu werden. Auf unserem Gelände in Malambo darf ich nicht mal mehr den Eimer Wasser zum „Badezimmer" tragen. Das ist eine Beleidigung für meine „Töchter", mit denen ich dort lebe. („Sister, das darfst du nicht. Dafür sind wir doch da!") Okay, ich füge mich in mein Schicksal und lasse mich bedienen. Es gibt ja auch noch genug Arbeit, denn unser Projekt wächst ganz offensichtlich unter dem Segen Gottes.

Zu diesem Segen gehört auch, dass ich mit Ndeshi ein Haus in Tengeru am Mount Meru, nahe bei Arusha, bauen werde. Dort darf ich alt werden, sollte es in Gottes Plan liegen. Ndeshi will mich versorgen, auch wenn ich eine ganz wunderliche Oma werde. Das hat sie mir versprochen.

Ein gesegnetes neues Jahr wünscht euch

Angelika

Die Autorin

Foto: Ute Klein

Hanna Schott, 1959 in Augsburg geboren, machte eine Ausbildung zur Buchhändlerin und studierte dann Musikwissenschaft, Romanistik und Theologie in Marburg, Freiburg und Heidelberg. Nach Jahren als Verlagslektorin arbeitet sie heute als verantwortliche Redakteurin der Zeitschrift „Psychotherapie und Seelsorge“, übersetzt aus dem Schwedischen und schreibt eigene Bücher. Sie lebt mit ihrer Familie in Haan/Rheinland.

Weitere Informationen zur Arbeit von Angelika Wohlenberg und zu den Massai in Tansania finden Sie unter:
www.massai.org

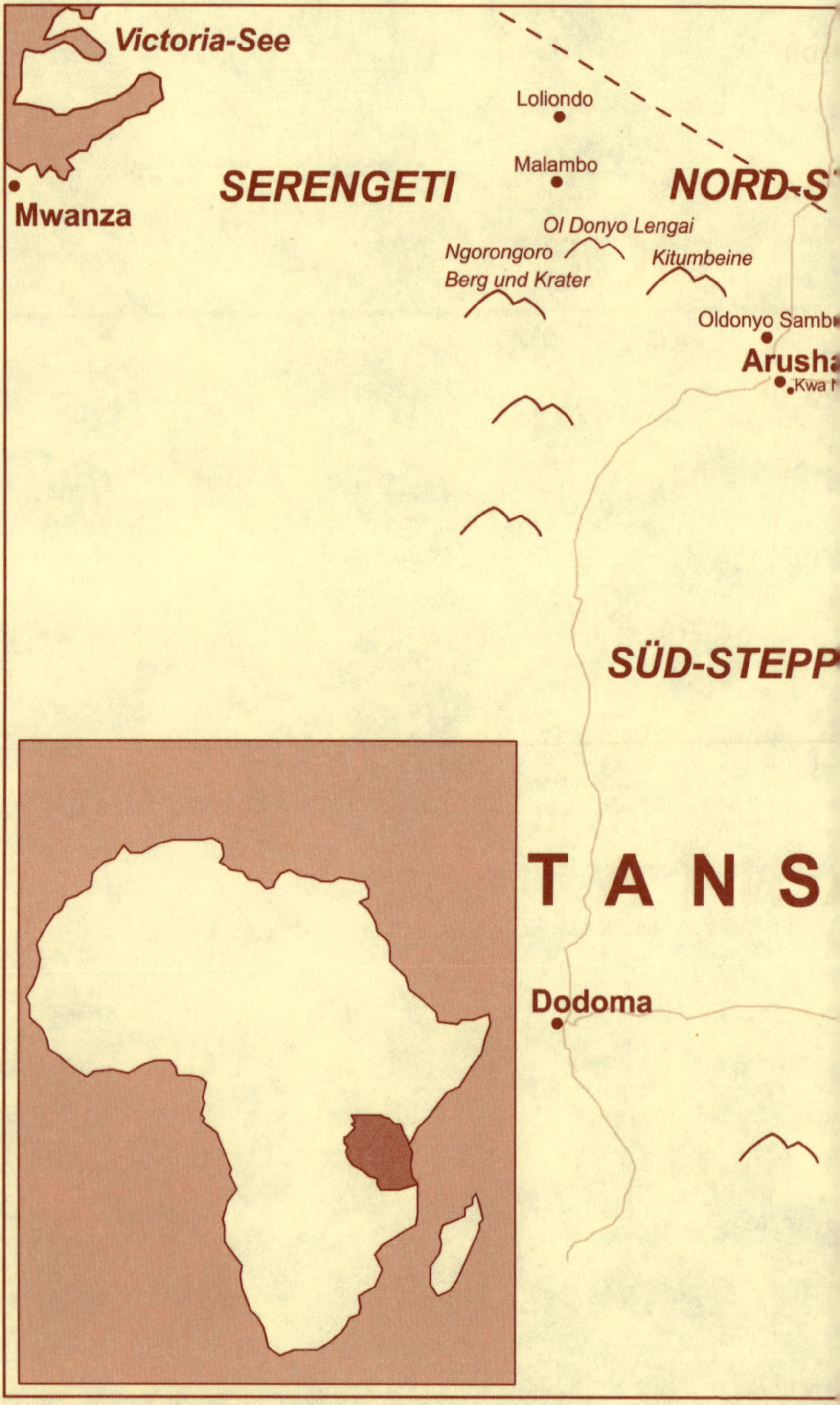
Victoria-See
Mwanza
SERENGETI
Loliondo
Malambo
NORD-S
Ol Donyo Lengai
Ngorongoro
Berg und Krater
Kitumbeine
Oldonyo Samb
Arusha
SÜD-STEPP
T A N S
Dodoma